Margaretha Main
Retha, das Lausemädchen

Margaretha Main

Retha, das Lausemädchen

Band 1 der Retha-Reihe

Hallo! Wie ihr sicherlich schon gehört habt, lautet mein Name Margaretha Main. Im Moment bin ich schon uralt und habe so einiges erlebt. Meine Freundinnen meinten, meine Geschichten wäre dermaßen interessant, dass ich sie doch mal für euch aufschreiben sollte. Na gut, dann will ich das mal machen.

Also, ich stamme aus einem winzigen Gebirge in Deutschland. Meine Eltern waren über meine Geburt nicht sehr glücklich, da sie viel lieber einen Sohn gehabt hätten. Da ich nur ein Mädchen war, wurde ich nicht so richtig beachtet. Das hatte zwar viele Nachteile, aber auch etliche Vorteile. Diese musste ich allerdings erst mal herausfinden.
Natürlich war ich tierisch neidisch auf meinen Bruder. Er hatte die ganze Aufmerksamkeit der Familie und wurde immer umsorgt und umhegt. Alles wurde ihm vor den Hintern getragen. Nichts brauchte er selbst zu tun. Egal, was auch immer er tat, und war es noch so ein Blödsinn, wurde bejubelt und beklatscht. Als Kleinkind litt ich sehr darunter und so beschloss ich eines Tages, wenn ich erst groß bin, auch ein Junge zu werden. Dass das gar nicht ging, habe ich damals natürlich noch nicht begriffen, aber trotzdem fest daran geglaubt.
Was hätte ich nicht alles dafür gegeben, um auch so ein Röhrchen zum Pinkeln zu haben. Dieses Röhr-

chen war der Schlüssel zu meinem Glück. Denn, ganz ehrlich, einen anderen Unterschied konnte ich zwischen mir und meinem Bruder nicht ausmachen.
Warum waren bloß alle von so einem kleinen Ding so dermaßen mordsmäßig angetan. Ich verstand das alles nicht. Aber, sosehr ich auch nachts darum betete, es wollte mir einfach keines wachsen. Also ergab ich mich in mein Schicksal und überlegte mir, welche Vorteile es hatte, ein Mädchen zu sein. Das Erste, das mir einfiel war, dass ich nichts ausziehen musste, wenn ich mal musste. Außerdem konnte ich auch nicht mit dem Röhrchen an einem Zaun oder Busch hängen bleiben. Ja, so machte ich mir selbst Mut.

Heute kann ich über solche Gedanken natürlich nur schmunzeln. Damals waren das aber echte Probleme für mich, die gemeistert werden wollten.
Die größten Probleme hatte ich stets mit meinen Spielkameraden. Da ich immer kucken musste, was mein Bruder so macht, bin ich ihm dauernd hinterhergerannt. Allerdings wollten mich seine Freunde nie mitspielen lassen, da Mädchen in einer echten „Männerbande“ nichts zu suchen haben.
Also zog ich beleidigt ab und setzte mich in mein Zimmer, um kräftig Trübsal zu blasen. Meistens hielt ich es aber nicht sehr lange dort aus, weil es

mir schnell zu langweilig wurde. Aber, was sollte ich denn nur tun?
Notgedrungen spielte ich mit den anderen Mädchen. Deren blöde Spiele lockten mich allerdings nicht sehr. Ich hatte keine Lust, stundenlang mit dem Puppenwagen durch die Gegend zu rennen und „Mutter und Kind" zu spielen. Ich wäre lieber mit den Jungs auf Bäume geklettert oder hätte mit ihnen Fußball gespielt. Fußball fand ich zwar auch öde, aber es wurde eben von Jungen gespielt. Wie so viele Jungen hinter einem einzigen Ball herlaufen konnten, um denselben dann zwischen zwei ins Gras gelegte Jacken hindurchzukicken, ist mir noch heute ein Rätsel. Aber, wie heißt es so schön: dabei sein ist alles.

So schlich ich manchmal hinter den Jungen her und beobachtete sie. Ich wurde mit der Zeit eine hervorragende Anschleicherin. Am besten gefiel es mir auf unserem nahe unserem Dorf gelegenen Hausberg. Der war innerhalb von zehn Minuten zu erreichen und so schön zerklüftet.
Hier fand ich immer eine Deckung, um den Blicken der Jungen oder auch von Muttern zu entgehen. Ich warf mich ins Gras und robbte, auf dem Bauch liegend, von Stein zu Stein. Natürlich nahmen dadurch mein Rock und meine Strümpfe langsam aber sicher eine grüne Farbe an. Leider fiel mir das

vor Aufregung immer erst viel zu spät auf und so konnte ich mal wieder mit einem schönen Donnerwetter zu Haus rechnen.

„Deine Omma gibt sich immer so viel Mühe mit deinen Strümpfen und deinen Pullovern. Kannst du nicht einmal ein bisschen aufpassen? Musst du dich immer im Dreck wälzen?"

Ja, so schimpfte meine Mutter. Wehe, ich hatte obendrein etwas zerrissen. Dann hing der Haussegen aber gewaltig schief.

Allerdings, aus heutiger Sicht betrachtet, waren die Ermahnungen gar nicht so verkehrt, da wir nicht unbedingt reich waren. Mutter musste stets zweimal überlegen, ob wir uns etwas leisten konnten oder nicht. Und wenn ich dann sonntags mein schönstes Kleid kaputtgemacht hatte, war das schon eine kleine finanzielle Katastrophe für unsere Haushaltskasse, da wir nur von dem lebten, was meine Omma uns gab und von dem, was meine Mutter durch Putzen dazuverdiente. Unsere winzige Landwirtschaft und der kleine Kolonialwarenladen warfen kaum was ab. Große Sprünge waren mit den paar Kröten ganz bestimmt nicht drin. Meinen Vater hatte es leider im Krieg erwischt und so mussten wir uns also ohne ihn durchschlagen.

Ich hatte ihn nie kennen gelernt, da ich wohl im Fronturlaub entstanden war. Meinem Bruder erging es nicht anders. Er ist nur ein Jahr jünger als ich und hatte noch in den Windeln gelegen, als unser Vater sich in den Himmel aufmachte. Das fiel aber nicht so sehr auf, da mehrere Kinder in unserem Alter keinen Vater mehr hatten.

Die „Mit-Vater-Kinder“ machten sich gern lustig über uns Halbwaisen und sangen gern diesen blöden Abzählreim: „Dreimal schwarzer Kater – du hast keinen Vater. Dreimal bunte Kuh – und raus bist du.“

Anfangs bin ich meistens rausgeflogen. Erst einige Zeit später begriff ich, dass die größeren Kinder vorher nachgerechnet hatten und daher schon im Voraus wussten, wer rausgehen musste. Aber eines Tages hatte ich sie durchschaut und wechselte einfach während des Abzählens meinen Platz in der Runde. Schon traf es eine andere.

Ja, eine andere! Die Jungen versuchten jedes Mal, die Mädchen abzuwählen, um mal wieder unter sich zu sein und ohne uns spielen zu gehen. So kam es sehr oft vor, dass so lange abgezählt wurde, bis kein Mädchen mehr übrig war.

Anfangs ging auch ich noch heulend nach Haus und beschwerte mich bei meiner Mutter über diese Ungerechtigkeit. Da ich aber meistens nicht das von mir gewünschte Gehör fand, ersparte ich mir das irgendwann.

„Wenn die Jungen spielen, hast du da nichts bei zu suchen.“

Ich liebte diese mitfühlenden Worte meiner Mutter über alles. Nur Omma verstand mich. Sie winkte mich zu sich und ich durfte auf ihren Schoß klettern. Sie hatte stets eine kleine Nascherei für mich in der Schürzentasche. Ein Apfel oder eine Möhre halfen mir in solchen Momenten immer wieder über den größten Kummer hinweg.

Dann endlich konnte ich triumphieren. Ich wurde eingeschult und mein blöder Bruder musste zu Haus bleiben. Ätschi-bätschi!!! Allerdings wurmte ihn das weniger, als ich mir erhofft hatte, und so verlor die Schule schnell ein paar Punkte auf meiner Beliebtheitsskala.

Ich kann mich noch genau an meinen ersten Kontakt mit der Schule erinnern. Mutter und ich wurden zu einem ersten Kennenlernen einbestellt. So trabten wir zwei die dreihundert Meter bis zum Schulgebäude und warteten geduldig, bis man uns einließ. Mutter war viel aufgeregter als ich und so waren wir mindestens eine halbe Stunde zu früh da. Erst nach und nach gesellten sich andere Mütter und deren Kinder zu uns.

Dann marschierten wir alle in ein Klassenzimmer. Das war das erste Mal in meinem Leben, dass ich solch einen Raum betrat. Es war ziemlich warm darin und es stank tierisch nach Heizöl.

Rechts und links der Schiefertafel standen die Verursacher dieser Affenhitze. Zwei riesige Ölöfen strahlten ihre Hitze bis in die letzte Bank. Ich war sehr froh, dass wir in dem ganzen Gedränge leicht vom Wege abgekommen waren und etwas weiter hinten standen. Vorn muss eine Backofenglut geherrscht haben.

Alle hatten sehr schnell rote Gesichter und Schweißperlen auf ihren Stirnen. Hatte ich draußen noch etwas gefröstelt, so war mir hier drin in sehr kurzer Zeit sehr warm geworden und mein Strumpfhalterhemd klebte mir am Körper.

Was aber noch viel schlimmer war, war das Gekratze meiner Nigel nagelneuen Wollstrümpfe. Dieses furchtbare Gejucke brachte mich fast um den Verstand. Auch mein neuer Pullover begann mich zu ärgern. Auch er juckte mich an den Armen und am Hals. Immer wieder musste ich mich kratzen, um nicht den Verstand zu verlieren.

Dafür erntete ich mehrfach strafende Blicke von meiner Mutter. Na, das konnte ja noch heiter werden. Wenn jeder Schultag so werden würde, dann würde ich ausreißen und lieber dumm bleiben. Ich wusste genau, dass ich mir das nicht antun würde. Lieber wollte ich als alte Jungfer in einer kalten nassen Höhle enden, als hier den Kratzetod sterben. Ich wusste zwar damals noch nicht, was eine alte Jungfer ist, deren Schicksal wollte ich aber gern teilen, wenn ich dafür schulfrei bekam.

Ein älterer Mann, der nur einen Arm hatte, stellte sich vor uns allen auf und hielt eine Rede. Ich verstand kein Wort von dem, was er da von sich gab. Meine Aufregung legte sich von Minute zu Minute und plötzlich schreckte ich hoch. Ich war doch glatt eingenickt und mit dem Kopf auf die Tischplatte geknallt. Ich bekam sofort einen roten Kopf und guckte verschämt nach unten. Hätte ich mir sparen können, da meinen Absturz sowieso kein Mensch bemerkt hatte. Alle hörten immer noch gebannt auf die Worte des Einarmigen.

Also begann ich damit, in der Gegend herumzugucken. Die Wände waren voller Tuschebilder. Häuser, Sonnen, Bäume, Tiere und sonst noch so allerlei waren da von den Schulkindern gemalt worden. Plötzlich spürte ich eine Hand auf meinem Kopf. Meine Mutter schaute böse zu mir herab und drehte mein Gesicht dem Einarmigen zu. Na gut, dachte ich, ich verstehe zwar nichts, kann ja aber so tun, also würde ich etwas verstehen. Mutter und die anderen starrten ganz gebannt nach vorn. Aber nein, da, eine Reihe vor mir, war ebenfalls ein Mädchen eingeschlafen.

Dann wurde ich jäh aus meinen Gedanken gerissen. Eine Frau ging durch die Reihen und verteilte Zettel. Auf der linken Hälfte des Zettels waren Bilder dargestellt. Auf der Rechten fehlte immer irgendetwas. Die Frau, sie stellte sich uns als unsere Lehrerin vor, erklärte, dass wir uns die Bilder auf der linken Seite des Zettels genau ansehen sollten. Danach sollten wir diese mit den verstümmelten Bildern auf der rechten Seite vergleichen und das Fehlende ersetzen.

Ich kuckte mir das Ganze also genau an und dann schoss mir die Erleuchtung wie ein Blitzschlag durch mein Gehirn. Jetzt hatte ich die große Chance bekommen, nicht in die Schule gehen zu müssen!

Auf dem linken oberen Bild war eine Lokomotive zu sehen. Aus deren Schornstein quoll dicker Rauch. Auf dem rechten Bild war dieselbe Lok noch einmal abgebildet. Allerdings fehlte bei der der Rauch. Wir sollten also diesen Rauch mit einem Bleistift nachzeichnen. Ich hatte die Unterschiede auf den Bildern natürlich sofort entdeckt, zeichnete aber keinen Rauch über den Schornstein der rechten Lok, sondern tat nur so als ob. Ich dachte so bei mir, wenn ich mich jetzt dumm stelle, brauche ich nicht zur Schule gehen. Und da ich ja nichts dafür kann, dass ich nun mal dumm bin, brauche ich auch nicht als alte Jungfer in eine feuchte Höhle zu ziehen. Vielleicht konnte ich von Omma das Stricken lernen und so meinen Lebensunterhalt zusammenstricken.

Recht schnell wurden die Zettel wieder eingesammelt und noch mal redete jemand auf uns ein. Es sei äußerst wichtig, dass auch Mädchen eine solide Ausbildung bekommen würden, um uns selbst ernähren zu können und dass … Ich schaltete wieder ab. Wozu sollte ich überhaupt etwas lernen. Ich würde später sowieso meine Tante heiraten und dann würde die schon für uns sorgen.

Der Gestank im Raum wurde immer schlimmer und ich verspürte ein riesengroßes Verlangen danach, einfach raus zu rennen. Das hätte ich mich natürlich im Leben nicht getraut, aber darüber nachzudenken war ja nicht verboten.
Endlich ging diese langweilige Prozedur ihrem Ende entgegen. Unsere, nein, eigentlich die Lehrerin der anderen Mädchen, ich war ja zu dumm, erklärte uns zum Abschluss, wir würden uns alle in drei Wochen hier zur offiziellen Einschulung wiedertreffen. Das interessierte mich nicht so sehr, da das ja für mich nicht gelten konnte. Erleichtert trottete ich meiner Mutter hinterher nach draußen. Meine Güte, war das ein Unterschied. Diese frische Luft brachte meine Lebensgeister wieder in Gang. Ich wollte gerade davon stürmen, als ich den harten Griff meiner Mutter am Arm spürte.
„Kind, du weißt doch, dass du mit den neuen Sachen nicht spielen sollst! Zuerst mal wird sich umgezogen!"
Dann geschah etwas, das ich überhaupt nicht verstehen konnte. Ich hatte zwar im Kreise meiner Freundinnen sehr viel Neid damit ausgelöst, als ich

ihnen erklärt hatte, wie ich mich vor der Einschulung gedrückt hatte, musste dann aber zu meinem wirklich großen Schrecken feststellen, dass ich mich wohl zu früh gefreut hatte.
Stellt euch doch bloß mal vor, die haben mich trotz des von mir verpatzten Eignungstests genommen. Auch ich musste nun mit Mutter zum Einschulungstermin erscheinen. Ich hoffte inständig, das Ganze sei ein Irrtum. Nach so einem schlechten Testergebnis konnten die mich doch gar nicht nehmen. Oder hatten die vielleicht meinen Testzettel mit dem Testzettel eines anderen Mädchens verwechselt? Das alles würde sich schon noch aufklären und dann würden sie mir mitteilen, dass ich von der Schulpflicht befreit war.
Leider war die Einzige, die sich irrte, ich selbst. Es ging kein Weg für mich an der Schule vorbei. Dem Himmel sei Dank musste ich aber nicht jedes Mal die Kratzesachen anziehen. Und mit der Zeit fand ich die Schule gar nicht mehr so schlimm. Die Lehrerin war nicht so einschläfernd wie der Einarmige und so fing die ganze Sache sogar an, Spaß zu machen.

Zwei Schuljahre mussten sich einen Klassenraum teilen, da unsere Schule nur vier Räume besaß. So waren wir mit der zweiten Klasse in einem Raum. Das gab manchmal ein Getöse! Fast fünfzig Kinder

in einem Raum mit nur einer einzigen Lehrerin. Trotzdem machte mir die Schule dann doch irgendwann großen Spaß. Ich sammelte ordentlich viele Fleißpunkte. Die gab es immer, wenn man die Hausaufgaben besonders ordentlich gemacht hatte. Hatte man zehn Fleißpunkte gesammelt, konnte man die gegen ein rotes Fleißherzchen eintauschen. Natürlich waren sowohl die Fleißpunkte als auch die Herzchen nur aus Pappe, aber trotzdem erfüllte es mich stets mit Stolz, wenn ich einen der Punkte ergattern konnte. Und wenn ich dann mal wieder ein Herzchen eintauschen konnte, war ich der Glückseligkeit schon ziemlich nahe.
Das Lernen an sich stellte für mich keine große Hürde da. Ich begriff sehr schnell, was die Lehrerin von mir wollte und stelle heute fest, dass ich des Lesens und Schreibens nach wie vor mächtig bin. Ist doch was Schönes, meint ihr nicht auch?

Leider, oder dem Himmel sei Dank, wurde bei uns zu Haus nicht nur Plattdeutsch gesprochen, sondern auch viel Hochdeutsch, da meine Omma und meine Mutter einen kleinen Krämerladen betrieben, und da gehörte Hochdeutsch natürlich zum guten Ton. Die anderen Kinder hatten da weitaus größere Probleme, da bei einigen im Haus ausschließlich Platt gesprochen wurde. Viele Ältere weigerten sich strikt, Hochdeutsch zu sprechen, und so wandelten wir oft zwischen zwei Welten hin und her. Wenn ich mich heute anstrenge, kriege ich wohl auch noch einiges in der plattdeutschen Sprache zustande.

Das Rechnen fand ich pipileicht, da ich ja zufällig genau passende Hände und Füße habe. Einen Finger krumm machen und noch einen Finger krumm machen bedeutete, dass ich zwei Finger nicht benutzen konnte. Und zwei Finger nicht benutzen zu können, war schon ziemlich heftig. Wie sollte ich so meinen Bleistift halten. Deshalb verlegte ich mich darauf, immer zuerst die Finger der linken Hand krumm zu machen. So konnte ich meinen Bleistift ohne Schwierigkeiten halten. Mit der linken Hand kratzte ich mich immer am Bein, wenn meine Strümpfe mal wieder anfingen zu jucken. Das stellte aber überhaupt kein Problem dar, da ich auch mit zwei krummen Fingern gut kratzen konnte.
Das Dumme an der ganzen Geschichte war nur, dass die Ein-Finger-und-noch-ein-Finger-Rechnerei nicht lange in Gebrauch war. Ruckzuck kamen weitere Finger hinzu und nun wurde es wirklich kritisch. Ab sieben Finger krumm, gingen weder Kratzen noch Schreiben, was mir einige Fingerakrobatik und Nicht-kratzen-können-Schweißperlen einbrachte.
Da mein Geist stets auf Hochtouren lief, hatte ich

mir bald eine neue Taktik zugelegt. Ich legte mein Holzlineal oberhalb meines Schulheftes auf den Tisch und tat einfach Buntstifte darauf. So konnte ich einen Buntstift auf die Drei legen. Dann zählte ich einfach fünf Zentimeter dazu und schon hatte ich das Ergebnis. Also lag mein zweiter Stift auf der Acht. Findet ihr meine Erfindung nicht auch riesig toll?
Das Ganze hatte nur einen Nachteil: Ich durfte nicht am Tisch ruckeln, denn dann rollten diese dummen Buntstifte vom Lineal herunter und schon stand ich ohne Rechenergebnis da.
Und das Schlimmste war noch, dass an der übernächsten Bank eine ganz blöde Ziege saß, die mich immer ärgerte. Und als sie meine Rechenmaschine durchschaut hatte, ruckelte sie so lange an ihrer Bank herum, bis die Nachbarbank und schlussendlich auch meine Bank wackelte. Wenn ich also nicht schnell genug war, konnte die Ziege meine Rechenmaschine bei ihrer komplizierten Arbeit ganz schön ins Schleudern bringen.
Eines Tages bekniete Omma so lange, bis sie mir die etwas teureren Buntstifte kaufte. Die waren nicht ganz rund, sondern mehreckig und rollten nicht mehr so leicht davon. Beim nächsten Ziegenruckeln konnte ich mir ganz fürchterlich eins feixen, da die Stifte zwar vibrierten, aber nicht mehr wegrollten. Da war die Ziege aber stinksauer.

Leider ging das nicht sehr lange gut, da wir bald damit anfingen, bis hundert zu rechnen. Einundvierzig und zwölf kann man damit natürlich nicht mehr darstellen. Ich musste mich also dazu überreden, anstatt auf einem Lineal, in meinem Kopf zu rechnen. Das war nach anfänglichen Schwierigkeiten nicht weiter schlimm.

Das mit dem Buchstabenschreiben ging auch ganz gut. Nur mit den großen und kleinen Ks hatte ich arge Probleme. Ich wunderte mich immer wieder, wie unsere Lehrerin diese schlimmen Buchstaben so einfach an die Tafel schreiben konnte, ohne sich dabei die Finger zu brechen oder zumindest das Handgelenk auszukugeln. Ich staunte mehrfach über so viel akrobatisches Können.
Mama hatte mir von Omma eine alte Schiefertafel besorgt und so musste ich, am Küchentisch sitzend, immer wieder diese bescheuerten Ks üben. Meine Güte, war das ein Theater. Ich kapierte das einfach nicht. Seht ihr, sagte ich dann, es wäre doch besser gewesen, ihr hättet mich nicht zur Schule geschickt. Das wird nix mehr mit mir.
Gnadenlos wurde ich davor gesetzt. Verdammt noch mal, das muss doch zu schaffen sein! Von unten nach oben anfangen, dann oben eine Schleife ziehen und nach rechts abdriften, dann nach unten ziehen und dabei einen kleinen angedeuteten Ha-

ken schlagen. Ich war dem Tode nahe und die Schweißtropfen standen mir auf der Stirn. Trotzdem hatte ich nicht die geringste Chance, dem Ganzen zu entfliehen.
Das große K war auch nicht viel besser. Oben mit einem Doppelschwung anfangen ... Ihr werdet es nicht glauben, nach etwa einhundertfünfzig Jahren hatte ich es kapiert. Heute gehen mir die Ks wie geschmiert von der Hand und ich frage mich manchmal wirklich, wieso manche Schulkinder so ein Problem damit haben. Es ist doch wirklich einfach.

Was ich außerdem noch sehr erheiternd fand war, dass immer wieder Bekannte von mir in unserer Lesefibel auftauchten.
„Ute fährt mit dem Roller", stand da.
Ute ist eine meiner Kusinen. Wie die da in die Fibel kam, konnte ich mir nicht erklären, da sie gar keinen Roller hatte. Hatte sie sich vielleicht einen Roller von ihrer Freundin Jutta ausgeliehen? Fragen über Fragen.
„Petra isst ein Stück von dem schmackhaften Käse."
Das konnte auch nicht stimmen, da ich genau wusste, dass Petra garantiert keinen Käse mochte. Petra war nämlich die Schwester meines Vaters und somit meine Tante. Tanten waren eigentlich immer wesentlich älter als deren Nichten. In unserem Fall

war das aber anders. Petra war nicht viel älter als ich und wir spielten ab und zu miteinander in unserem Garten. Oft mussten wir mit aufs Feld, da Petras Eltern und Großeltern eine kleine Landwirtschaft betrieben.
Erst später kapierte ich, dass in den Fibeln gar nicht von unseren Utes und Petras die Rede war. Da waren ganz andere Kinder gemeint.

In der Schule lernte ich viele neue Mädchen kennen. Am besten verstand ich mich mit Sigrun und Martina. Sigrun wohnte mit uns Garten an Garten und wir besuchten uns oft gegenseitig. Wenn das Wetter schlecht war, spielten wir in unserem Haus oder in ihrem Haus oder auf irgendwelchen Dachböden. Obwohl wir dort oben eigentlich gar nicht spielen durften, zog es uns immer wieder dort hinauf.
Der große Bodenraum lag stets im Halbdunkel und das ergab eine abenteuerliche Atmosphäre. Altes Heu lag da und viele Gerätschaften, die nicht mehr benutzt wurden oder jedenfalls nur manchmal. So bauten wir uns die schönsten Heubuden. Leider wurden wir meistens sehr schnell entdeckt, da wir von dem ollen Heustaub oft kräftig niesen mussten. Mutter schimpfte dann immer ganz furchtbar, weil ich so viele Heuspiere in den Strümpfen hatte, die sie dann einzeln wieder herausfummeln musste. Solche Arbeiten mochte sie wohl nicht so gern lei-

den, da sie ja sonst wohl nicht so einen Aufstand gemacht hätte.
Einmal reichte es mir und ich schrie zurück, dass es doch ganz einfach wäre mit den Heuspieren. Sie bräuchte die Strümpfe einfach nur zu waschen und schon wäre alles in bester Ordnung. Leider tat sie das dann auch und es war überhaupt nichts mehr in Ordnung. Schon beim morgendlichen Anziehen piekten mich diese ollen Dinger. In der Schule war ich dann so weit, dass ich es nicht mehr aushielt und die Strümpfe auf dem Klo einfach auszog. Meine Beine hatten überall rote Flecken und es juckte zum Gotterbarmen. Jetzt hatte ich nicht nur die ganzen Beine zerstochen, sondern auch noch den Spott der anderen Mädchen.
„Kuck ma, die is woll aussem Jemeindehaus abjehauen. Die hat ja noch nich ma Strümpfe an!"
Das war ein harter Schlag für mich, da im Gemeindehaus nur arme Flüchtlinge aus Pommern oder so wohnten. Mit denen wollte ich als echte Dorfeingeborene natürlich nicht in einen Topf geworfen werden.
Tief geknickt trottete ich einsam nach Haus. Nie wieder wollte ich meiner Mutter böse sein, wenn sie mich vom Heuboden herunterholte. Trotzdem probierten wir es natürlich wieder aus. Diesmal war ich cleverer und entledigte mich meiner Strümpfe schon auf der Heubodentreppe. Hahaha, jetzt hatte

ich meiner Mutter aber ein Schnippchen geschlagen. Voller Tatendrang eilten wir nach oben. Oben fiel mir ein, dass ja auch mein Wollkleid gern diese Spiere in seinen Maschen aufnahm und so zog ich auch das aus. Jetzt trug ich nur noch mein weißes Strumpfhalterhemd. Ach, war das eine Freiheit! Sigrun hatte es mir nachgemacht und so tollten wir da oben herum.

Wir kletterten eine Leiter hinauf, die gegen einen Querbalken gelehnt war, und sprangen von dort oben hinunter ins Heu. Sigrun sprang einmal zu weit und schlug während des Falles mit dem Kopf gegen einen Balken. Nur mühsam kam sie wieder auf die Füße und begann dann damit, mich fürchterlich auszuschimpfen. Es sei doch wohl eine große Schweinerei, dass ich ihr einen Stein hinterherwerfen würde. Das hätte sie ja nie von mir gedacht. Es dauerte eine Weile, bis ich ihr klargemacht hatte, dass sich auf diesem Dachboden überhaupt keine Steine befanden und ich ihr schlussendlich hätte auch keinen hinterher schmeißen können. Sie hatte eine ziemliche Beule am Kopf und ging kurz darauf nach Haus, da ihr immer wieder schwindelig wurde.

Auch ich stieg nun vom Dachboden herab, da es mir da oben allein zu langweilig war und auch ein bisschen zu gruselig. Ich setzte mich auf eine Treppenstufe und zog mir meine Strümpfe wieder an.

Als ich nach draußen auf den Hof stürmte, kam mir Omma entgegen. Ich bremste ruckartig ab und versuchte, mich an ihr vorbeizudrängeln. Sie war schneller und umfasste meine Schultern. Dann hielt sie mich ein gutes Stück von sich weg und betrachtete mich von oben bis unten.
„Watt daust du denn hia?"
(Was tust du denn hier?)
„Och, ich habe nur meinen Ball wiedergeholt. Der war hier reingetrullert."
„Wecken Ball mienst dou denn?"
(Welchen Ball meinst du denn?)
„Naja, den bunten Ball."
„Soso, däin bunten Ball mienst dou olsso?"
(So, so, den bunten Ball meinst du also?)
„Ja, den bunten Ball meine ich."
„Wunier is denn dien Ball?"
(Wo ist denn dein Ball?)
„Och, den habe ich schon wieder rausgeschmissen."
„Miene leeve Margaretha, (wenn Mutter oder Omma Margaretha zu mir sagten, wusste ich, dass es spätestens jetzt ziemlich ernst und unangenehm werden konnte und machte mich auf das Schlimmste gefasst) kannste meck oune Ümschwiefe un Uträiden vatelln, wiesso dou ohne Klied un nua in dien Strumphalterhemmed hier uppen Hoff Ball speln dast un ümme olet inne Welt dien Hemmed jez nich mä witt ssonnern schwattwitt is?"

(Meine liebe Margaretha, kannst mir ohne Umschweife und Ausreden erzählen, wieso du ohne Kleid und nur im Strumpfhalterhemd hier auf dem Hof spielst und warum, um alles in der Welt, dein Hemd nicht mehr weiß, sondern schwarz ist?)
Bumm, machte es und ich hatte eine hängen. Omma schob mich so wie ich war nach draußen und schloss hinter sich die Tür zum Gang. Jetzt saß ich aber gewaltig in der Tinte. In meinem jetzigen Aufzug konnte ich wohl kaum auf dem Hof spielen. Immer mal wieder kamen Leute vorbei. Und wenn die mich so sahen, war ich ein für allemal erledigt. Dann brauchte ich morgen erst gar nicht mehr in der Schule aufzutauchen. Die würden mich auf der Stelle steinigen.
Aber Omma blieb hart.
„As iarstes spelst dou nu iastemol `ne halwe Stunne mi dien Ball hia uppen Hoff un datt sau wie dou büst! Un denn helpeste meck inne Waschküken bien Waschen un Wringen, weil de meck verseuket häst, antuschäiten!"
(Als erstes spielst du eine halbe Stunde mit dem Ball auf dem Hof – und zwar so, wie du bist. Anschließend hilfst du mir in der Waschküche beim Waschen und Wringen, da du versucht hast, mich zu täuschen.)
Daraufhin schloss sie die Gangtür ab, zog den Schlüssel heraus und schon war sie im Haus ver-

schwunden. Na, toll! Jetzt war ich aber angeschmiert.
Ich sah um mich und suchte mir die Stelle des Hofes aus, an der ich am wenigsten auffiel. Dann stellte ich mich etwa einen Meter von der Hauswand entfernt auf und warf den Ball dagegen. Der prallte ab und ich fing ihn wieder auf. Immer wieder sah ich mich um, um zu sehen, wann die Luft rein war. Leider machte Omma in der Küche den Abwasch und konnte mich durch das Küchenfenster genau sehen. Mit Abhauen war also nix.
Ich weiß heute nicht mehr, ob sie mich wirklich eine ganze halbe Stunde hat zappeln lassen. Irgendwann kam sie raus, schloss auf und ging mit mir auf den Boden, um mein Kleid zu holen. Anziehen durfte ich es aber nicht. Sie schob mich über den Hof und in die Waschküche. Dort musste ich mich auf einen Schemel setzen und die paar Heuspiere, die sich komischerweise doch in mein Kleid verirrt hatten, herauspulen.
„Schmiat däi Dingere oba nich uppe Fleisen. Eck häbbe iast däin Fautbun wienat."
(Wirf die Dinger bitte nicht auf die Fliesen, da ich gerade den Fußboden gesäubert habe.)
So zuppelte ich also die Spiere heraus und legte sie ganz vorsichtig neben mich auf den Schemel. Anschließend hatte ich bei ihr in der Küche zu erscheinen. Sie inspizierte das Kleid und schob mich in den

Flur, in dem ein großer Spiegel hing.
Ich erschrak doch einigermaßen, als ich mich selbst erkannte. Mein Strumpfhalterhemd war wirklich nicht mehr weiß. Omma hatte Recht. Es war schwarzgefleckt. Der Rest des Spiegelbildes unterschied sich nicht wirklich davon. Mein Gesicht und meine Arme und auch meine Strümpfe hatten wie durch Zauberhand ebenfalls diese Farbe angenommen.
Bedröppelt wankte ich in die Küche zurück und zog mich auf Ommas Befehl hin aus. Omma fackelte nicht lange, holte die große Zinkwanne in die Küche, nahm den Kessel vom Kohleherd und goss das heiße Wasser in die Wanne. Dann kam noch etwas kaltes Wasser hinzu und schon wurde ich hineingestellt und von oben bis unten abgeseift.
Anschließend nahm sie eine Blechkanne zur Hand und spülte mir den Schaum vom Körper. Danach wickelte sie mich in ein großes kratziges Badehandtuch und rubbelte mich trocken. Zum Schluss setzte sie mich vor den großen Kohleofen, um mich aufzuwärmen.
„Dou brukest choa nich te kucken. Dou krist kane niejen Soken mäi. Kuck mo uten Fenster. Buten willt bole dunkel wern. Bliev man noch`n Moment doa sitten. Denn willt we bole Uhmbrot eten un denn motteste sauwiesau innt Bedde."
(Du brauchst gar nicht so zu schauen. Du be-

kommst keine neuen Sachen mehr. Bleib noch einen Moment da sitzen. Wir wollen bald Abendbrot essen und dann musst du sowieso ins Bett.)
So saß ich da noch eine ganze Weile rum und langweilte mich.
Anschließend saß ich, immer noch im Badehandtuch eingewickelt, am Abendbrottisch. Es gab für mich eine Scheibe Brot mit alter Rotwurst. Die war so alt, dass ich die einzelnen Triehlen zigmal kauen musste, um sie runter zu kriegen. Eins hatte ich heute gelernt: Beim nächsten Ausflug musste ich vorsichtiger sein.
Aber, wie das so ist, kam dann das dicke Ende erst noch hinterher. Kaum war ich am nächsten Morgen auf dem Schulhof angekommen, ging es auch schon los. Meine Nebentischziege sprang singend um mich herum.
„Nänänänänänä! Retha spielt ohne Kleid Ball! Retha spielt ohne Kleid Ball! Nänänänänänä!"
Ruckzuck war ich von einigen Mädchen umringt, die schnell in das Gesinge einstimmten. Ich wäre am liebsten sofort wieder nach Haus gelaufen. Das ging nur leider nicht, da gerade in dem Moment unsere Lehrerin die Glocke zum Schulbeginn läutete. Alle stürmten in die Klassenräume. Nur ich trottete langsam, allein, verlassen und einsam hinterher. In der ersten großen Pause ging mein Martyrium weiter. Erst am nächsten Tag hatten die blö-

den Gänse sich ein anderes Thema gesucht.

Nachmittags schlich ich mal wieder auf den Hausberg. Ich hatte schon von weitem Kindergeschrei vernommen und so was zog mich immer magisch an. Ich verkroch mich hinter einem Stein, achtete aber diesmal darauf, dass ich mich nicht unnötig schmutzig machte. Als ich um die Ecke spähte, sah ich, dass da wieder nur die Jungen im Gange waren. Das lohnte sich nicht. Die ließen mich sowieso nicht mitspielen und so trottete ich nach Haus zurück.

Auf dem Heimweg begegnete mir meine liebe Ziegenfreundin. Der Groll kroch in mir hoch. Sie war allein und hatte mich noch nicht erblickt. Ich stellte mich hinter das große Transformatorenhäuschen und wartete, bis sie an mir vorbei war. Dann sprang ich plötzlich und unerwartet aus meinem Versteck. Die Ziege erschrak und rannte wie von Furien gehetzt davon. Na, der hatte ich es aber gegeben. Ich schrie ihr nach, dass ich sie immer wieder fürchterlich erschrecken würde, wenn sie mich in Zukunft nicht in Ruhe ließe. Für den Rest ihres Lebens hätte sie nun keine Ruhe mehr zu erwarten.
Am nächsten Morgen kam der Bumerang zu mir zurück. Die Lehrerin stapfte auf mich zu und zog mir mein Ohr lang. Das tat dermaßen weh, dass mir

auf der Stelle die Tränen in die Augen schossen. Sie zog weiter und ich musste notgedrungen aufstehen.
„Du weißt sicherlich, warum du hier stehst?"
Nein, wusste ich nicht. Das Ohrenziehen wurde noch schlimmer.
„Du hast gestern Ulrike von hinten überfallen, zu Boden geworfen und geschlagen. Und solch ein widerwärtiges Verhalten können wir hier nicht tolerieren. Du gehst jetzt dort drüben in die Ecke und bleibst da stehen, bis ich dich rufe."
Das war doch wohl eine bodenlose Sauerei. Die blöde Ziege hatte gelogen, dass sich die Balken bogen, und mich hier in diesen Schlamassel gebracht. Na, warte! Das zahl ich dir heim.
Die ganze Stunde über musste ich da stehen bleiben. Immer wieder war ich dem Gelächter der übrigen Kinder ausgesetzt. Da ich mit dem Gesicht zur Wand stehen musste, konnte natürlich niemand mein grimmiges Gesicht sehen.

Alles geht einmal vorbei und so auch meine Eckensteherei. Nach der Schule lief ich zurück nach Haus. Nach dem Mittagessen und den Schularbeiten streunte ich in unserem Garten herum. Da gab es nämlich eine feuchte Stelle, an der sich ab und zu mal Kröten oder Frösche aufhielten. Auch Kaulquappen hatte ich schon in der Nähe in einem kleinen Tümpel entdeckt. Ich fand einen mittelgroßen

braunen Frosch und steckte diesen lieben Burschen in ein kleines Einmachglas, das ich aus dem Keller stibitzt hatte. Dieses Behältnis versteckte ich hinter der Regentonne auf unserem Hof.
Am nächsten Morgen verabschiedete ich mich wie immer und tat so, als ginge ich — auch wie immer — geradewegs zur Schule. Tat ich aber nicht. Diesmal lief ich heimlich, und um mich spähend, um unser Haus herum zur Regentonne, steckte das Glas mit dem Frosch in meine Schultasche und rannte zur Schule.
In den ersten beiden Schulstunden konnte ich mich gar nicht richtig konzentrieren, da ich richtig doll aufgeregt war. Endlich war die große Pause gekommen. Alle Kinder verließen das Klassenzimmer. Wirklich alle Kinder? Nein, ich nämlich nicht. Ich sauste zum Tisch der Ziege hinüber und packte ihr den Frosch in ihre Brotdose. Dann schlich ich hinter den anderen her. Leider musste ich in dem Moment zufällig dringend aufs Klo und so verpasste ich ein wunderschönes Spektakel.
Die Ziege muss fürchterlich geschrien haben, als sie ihre Brotdose geöffnet hatte. Sofort wurde natürlich ich verdächtigt und eine tolle Sucherei ging los. Als ich dann aber auf dem Klo entdeckt wurde, war alles in Ordnung. Wenn ich auf dem Klo saß, konnte ich ja nun wirklich nicht gleichzeitig Frösche in fremde Brotdosen tun. Wie sollte das denn gehen?

Ich konnte doch nicht an zwei Orten gleichzeitig sein. Das ging ja nun wirklich nicht.
Die Ziege weiß — glaube ich jedenfalls — bis heute nicht, wie der Frosch da reingekommen ist. Ich werd's ihr auch nicht sagen und ich hoffe, ihr werdet mich nicht verraten.

Zu Haus war bei uns nicht viel los. Immer die gleiche Leier. Morgens aufstehen, Katzenwäsche, Frühstück, Schule, Mittagessen, Schularbeiten, im Laden dies und das helfen, spielen gehen – meistens ziemlich langweilig – Abendbrot, schlafen ... Ab und zu passierte mal was, aber nicht so häufig.
Interessant fand ich es, wenn einmal in der Woche der große Lieferwagen kam, um unser Geschäft mit den von Omma und Muttern bestellten Waren zu bestücken. Die zwei Fahrer kannte ich mittlerweile. Sie waren immer sehr freundlich zu mir und manchmal durfte ich auch, während sie den LKW entluden, im Fahrerhaus sitzen.
Immer wieder versuchte ich, an dem großen Lenkrad zu drehen, was mir allerdings nie gelang. Das Ding rührte sich keinen einzigen Millimeter. Na, ja, wenn euch das jetzt wundert, muss ich euch sagen, dass es solche schönen Erfindungen, wie eine Servolenkung, zu der Zeit noch nicht gab. Heute kann jede Dreijährige so ein Lenkrad bewegen. Damals hatte noch nicht einmal eine Zehnjährige die Chan-

ce dazu.
So eine Fahrerkabine ist nicht vergleichbar mit den heutigen. Die modernen Führerhäuser der LKWs gleichen dagegen eher dem Cockpit eines Düsenjets. Aber damals war das für mich immer wieder eine kleine Sensation.
Auch liebte ich es, wenn ich auf der kleinen Holztreppe, die normalerweise auf der Ladefläche lag und nur zum Be- oder Entladen herausgeholt wurde, rauf und runter steigen konnte. Auf der Ladefläche roch es so schön nach allem Möglichen. Der Geruch, der da oben herrschte, erinnert mich immer an das Duftgemisch auf modernen Jahrmärkten. Da standen Zuckersäcke neben Teekisten und Kaffeesäcke neben Mehl und Senf und Essig. Es roch wie in einem großen Kolonialwarenlager.
Omma und Muttern sahen es gar nicht gern, wenn ich da oben rumturnte. Senf und Gurken gab es in Blecheimern. Essig und Öl wurden in großen Krügen transportiert. Ich denke, die beiden hatten einfach nur Angst, dass ich da was kaputtmachen könnte. Dabei tat ich eigentlich nichts dergleichen.
Manchmal lief ich zwischen den Waren hin und her. Manchmal setzte ich mich auch einfach nur auf einen der Jutesäcke und genoss den Geruch der großen weiten Welt. Ein Fahrer hatte mir mal erklärt, dass der Kaffee aus Südamerika käme. Ich wusste zwar nicht, wo das lag, war mir aber sicher, dass

das mindestens zehn Kilometer von unserem Dorf weg liegen musste. Ich war schon einmal in der nächsten Stadt gewesen. Und die lag fünf Kilometer entfernt.

Manchmal traf ich andere Mädchen aus der Nachbarschaft und konnte sie von ihren blöden Puppenwagen weglocken, um sie zum Murmeln zu überreden. Murmeln kennt ihr wahrscheinlich gar nicht mehr, oder etwa doch? Für alle, die das nicht mehr kennen, will ich es mal erklären.
Jedes Kind besaß damals einen Murmelbeutel, also ein kleines Säckchen aus Stoffresten, in dem die Murmeln aufbewahrt wurden. Es gab mehrere Murmelklassen. Die kleinsten waren aus Ton und zählten einen Punkt. Darüber waren die kleinen Glasmurmeln angesiedelt. Die zählten fünf Punkte. Ja, und dann gab es noch Zehner, Zwanziger, Fünfziger und Hunderter. Die waren alle aus Glas und hatten innen tolle farbige Fächer und wurden von uns allen natürlich heiß begehrt.
Das Mädchen mit den wenigsten Murmeln durfte den Einsatz vorgeben. Meistens begannen wir mit den „Tonern." Mit dem Schuhhacken wurde eine kleine Vertiefung in den Hof- oder Straßendreck gedreht. Dann wurde in einer Entfernung von etwa einem Meter ein Strich gezogen. Alle mussten sich nun hinter diese Linie zurückziehen. Als nächstes

legte jede ihren Einsatz, das heißt ihre Murmel, die sie riskieren wollte, auf die Linie und das Spiel konnte beginnen.
Nun versuchte jede Mitspielerin, ihre Murmel mit so wenigen Fingerstößen wie möglich in die Vertiefung zu schubsen. Es durfte nur mit gekrümmtem Zeigefinger geschubst werden. Hielt sich eines Mädchen nicht daran und schummelte, in dem es die Murmel schob oder mit gestrecktem Finger vorwärts trieb, wurde die Murmel sofort konfisziert, also ins Loch gelegt. Diejenige, die ihre Murmel mit den wenigsten Schubsern ins Loch geschubst hatte, durfte zum Schluss alle anderen Murmeln behalten. Das Glück der Spielerinnen wogte hin und her. Mal hatte ich nur noch fünf „Toner“, manchmal klirrte es in meinem Beutel vor lauter großen Glaskugeln.

Ein anderes Spiel, das ich gern spielte, war das Reifenschlagen. Immer mal wieder ging ein Leiterwagen kaputt und der Schmied hatte einen Eisenreifen über. Nun versuchten wir, ihm diesen alten, rostigen und für ihn völlig nutzlosen Reifen abzuschwatzen. Das klappte nicht so oft, da der meistens so nutzlos doch noch nicht war. Wenn er dann mal nicht auf uns achtete, kam es ohne weiteres vor, dass wir uns mit zwei oder drei Mädchen einfach mal zufällig darauf lehnten. Und schon war er wie von Geisterhand ein bisschen krumm geworden.

Kam der Schmied aus seiner Schmiede, sah er nur einen krummen Eisenreifen. Er kratzte sich am Kopf und murmelte, dass er hätte schwören können, dass der Reifen vor nicht mal einer Stunde noch ganz rund gewesen sei. Wir hatten das natürlich aus unserem sicheren Versteck – eine alte Tür, durch deren Ritzen wir alles genau sehen konnten – beobachtet und kamen dann wie zufällig an der Schmiede vorbei, ganz unauffällig vor uns hin pfeifend. So ergatterten wir „ganz legal" unseren Reifen.

Sofort wurde ein etwa vierzig Zentimeter langer Stock gesucht und ein Parcours in den Dreck gemalt. Manchmal legten wir auch Steine an bestimmten Positionen aus.

Alle Mädchen, die Lust hatten mitzuspielen, hatten nun die Gelegenheit den Eisenreifen mit Hilfe des Stockes über den Parcours zu treiben. Das hört sich vielleicht einfach an, war es aber ganz und gar nicht. So ein Eisenreifen ist höllisch schwer zu steuern. Immer wieder versucht er seinen eigenen Kopf durchzusetzen. Er fällt manchmal einfach um oder rollt in die völlig verkehrte Richtung.

Eines Tages spielten wir auf dem Hof eines Mädchens. Dort gab es einen kleinen Hügel. Gemeinerweise hatte das dort heimische Mädchen den Wendepunkt der Strecke genau oben auf dem Hügel platziert. Der Wendestein – viele Jahre später sollte

Wendehals daraus werden – lag so blöd, dass wir ihn von unten nicht sehen konnten.
Da sie dort zu Haus war, durfte sie auch als Erste loslegen. Sie kannte den Hügel natürlich viel besser als wir und ließ den Parcours schnell und fehlerfrei hinter sich.
Als Zweite war ich an der Reihe. Um den Rekord einzustellen, musste ich noch schneller sein. Ich gab dem Reifen einen kräftigen Stoß mit dem Stock und rannte ihm nach. Kurz vor dem Hügel hatte er aber schon so viel Schwung verloren, dass ich ihn schnell einholte und ihm einen weiteren Schlag verpasste. So ein Reifen musste immer auf Geschwindigkeit gehalten werden, da er sonst anfing zu eiern und aus der Bahn lief.
Also setzte ich nach und verpasste ihm noch einen fürchterlichen Schlag. Ich taxierte die Geschwindigkeit und war der festen Überzeugung, dass der Schwung noch immer nicht reichte. Also sprintete ich wieder hinterher und hieb zweimal mit äußerster Kraft gegen den Reifen.
Ich hatte den armen Reifen aber jetzt so sehr in Fahrt gebracht, dass er nicht nur mit hohem Tempo die Steigung schaffte, sondern auch genau auf den Wendestein zusteuerte. Beide berührten sich für einen kurzen Augenblick. Der Stein brachte den Reifen zum Springen. So machte der also einen Satz und landete auf dem gegenüberliegenden Abhang.

Dadurch vermehrte sich natürlich seine Geschwindigkeit noch mehr und er stob den Hügel hinunter. Ich konnte ihm nicht mehr folgen und sah nur von oben, wie er über einen weiteren Stein sprang und dann, lustig vor sich hinhüpfend, die frisch gewaschene Wäsche von der Leine holte. Oh, Oh, dachte ich so bei mir, das ist nicht gut, was da so eben passiert ist. Spontan drehte ich mich um, rannte zurück, rief den anderen Mädchen zu, dass ich die Stimme meiner Mutter gehört hätte und eilte wie der Blitz nach Haus.

Schon nach etwa einer halben Stunde kam die Mutter des Hügelmädchens mit einem großen Korb voller rostiger Wäsche anmarschiert. Und das war auch diesmal gar nicht gut, was da passierte. Obwohl ich ganz emsig dabei war, Omma beim Kartoffeln schälen zu helfen und mich völlig eifrig stellte, konnte es sich meine Mutter nicht verkneifen, mir rechts und links welche zu kleben.

Dann durfte ich im Kessel Wasser heiß machen und es in den großen Waschzuber schleppen. Anschließend durfte ich die rostige Hügelwäsche einweichen, schrubben, ausspülen, schrubben, ausspülen, schrubben, ausspülen ... Das war gar nicht gut. Trotzdem erledigte ich diese wundervolle Tätigkeit mit einem Liedchen auf den Lippen. Anschließend durfte ich die noch nasse Wäsche in einem Splettenkorb – das ist ein großer geflochtener Korb, der

einer Wanne ziemlich ähnlich sieht – zum Hügelhaus schleppen und dort auch auf die Leine hängen.
Auf dem Rückweg war ich so erledigt, dass ich mir den großen Splettenkorb verkehrt herum auf den Kopf tat. Jetzt waren meine Arme etwas entlastet. Plötzlich spürte ich Wasser um meine Füße plätschern und als ich den Korb hob, um zu sehen, wie da Wasser an meine Füße kommen konnte, stellte ich fest, dass ich blindlings in unseren Dorfbach marschiert war. Ich kann euch ganz ehrlich sagen, dass der Tag mir gereicht hat.

Ein paar Tage später fand ich ein kleines Päckchen unter meinem Schultisch. Vorsichtig, wie ich nun mal war, entfernte ich ganz langsam das schöne bunte Einwickelpapier. Einen lauten Knall oder so was erwartend, hob ich mit spitzen Fingern den Deckel an. Mir war natürlich sofort klar, dass mir die Ziege eins überbraten wollte. Wer sollte mir auch sonst ein so schönes Päckchen hinlegen?
Dann war der Deckel endlich offen. Na, so was Langweiliges! Kein Knall. Kein Frosch. Noch nicht mal `ne blöde Spinne oder so. Nee, nur eine weitere Pappschachtel kam zum Vorschein.
Aber in „die" Falle ging ich natürlich nicht. Das wäre ja noch schöner. Wieder ging ich extrem vorsichtig zu Werke. Allerdings war der nächste De-

ckel zugeklebt. Also holte ich meine kleine Bastelschere hervor und durchtrennte vorsichtig die Pappe.
Jetzt hatte ich des Rätsels Lösung vor mir liegen. Ein Stück Schokolade strahlte mich mit großen braunen Augen an. Vorsichtig nahm ich sie aus dem Päckchen. Die Schokolade fühlte sich an, wie Schokolade sich nun mal anfühlt. Ich wollte gerade hinein beißen, als mir einfiel, dass es sich doch um eine Falle handeln könnte. Also besah ich mir die Schokolade von allen Seiten. Zu sehen war nichts Außergewöhnliches. Dann roch ich daran. Man wusste ja nie, was Ziegen sich so alles einfallen ließen. Vielleicht hatte sie ja draufgepinkelt oder so. Aber die Schokolade roch wie ganz normale Schokolade. Also biss ich hinein und ließ mir diese Köstlichkeit auf der Zunge zergehen.
Dann erst sah ich, dass da noch ein kleiner Zettel mit im Päckchen lag. Ich nahm ihn heraus und las:
„Liebe Retha! Würdest du nach der Schule mit mir spazieren gehen? Dein Max!"
Es dauerte eine Weile, bis ich begriff, dass ich gerade meinen ersten Liebesbrief bekommen hatte. Ich konnte zwar den Max – wir hatten nur einen Max in der Klasse – nicht ausstehen, aber trotzdem musste ich zugeben, dass er sich redliche Mühe gegeben hatte. Außerdem war es in dieser Zeit nicht unbedingt einfach, echte Schokolade aufzutreiben. Das

könnt ihr heute wahrscheinlich gar nicht mehr verstehen. Damals aber gab es außer den notwendigsten Lebensmitteln nicht einfach alles zu kaufen. Einige Sachen, wie Computer zum Beispiel, waren ja auch noch gar nicht erfunden.

Ich war hin und her gerissen. Eigentlich mochte ich Jungs gar nicht. Die waren immer laut, vorlaut und grob. Was sollte ich nun tun? So einfach vor den Kopf stoßen wollte ich ihn ja nun auch nicht. Als ich in seine Richtung sah, bemerkte ich, dass er mich die ganze Zeit über beobachtet haben musste. Das hatte ich bei der ganzen Päckchenauspackerei gar nicht bemerkt. Ich lächelte ihn also an und er lächelte zurück. Mir fiel auf, dass er rot bis an die Ohren war. Da ich noch überlegen wollte, äußerte ich mich nicht weiter zu der Angelegenheit. Gott sei Dank kam die Lehrerin und begann mit dem Unterricht. So hatte ich noch eine ganze Weile Bedenkzeit.
Leider war ich am Ende der Schulzeit immer noch nicht weiter und überlegte hin und her. Ganz langsam, um Zeit zu gewinnen, packte ich meinen Ranzen. Ein Buch und noch ein Buch. Ach ja, die Hefte musste ich ja auch noch sortieren. Mist! Da war doch glatt mein Bleistift runter gefallen. Ich glaube, dass ich noch nie so lange gebraucht habe, um die drei Scharteken im Ranzen zu verstauen. Aber, ich

konnte so lange rumtrödeln wie ich wollte, einmal musste ich hier raus. Ich konnte ja schlecht im Klassenzimmer übernachten.
Da sah ich meine Chance. Die Lehrerin ging eben an mir vorbei. Sie war außer mir die Letzte im Raum. Ich rannte ihr nach und rief hinter ihr her. Sie drehte sich erstaunt um und wartete auf mich. Während ich auf sie zuging, überlegte ich krampfhaft, was ich ihr denn jetzt nun zu sagen hätte. Mir fiel einfach partout nichts ein.
Fragend sah sie mich an. Ich druckste eine kleine Weile herum und fragte sie dann, was sie so nachmittags nach der Schule täte. Eigentlich interessierte mich das gar nicht, da sie erwachsen war, und Erwachsene taten immer nur langweilige Sachen. Sie erzählte, dass sie einen Kuchen backen wolle, da ihre Nichte zu Besuch kommen würde. So schlenderten wir aus dem Klassenraum. Allerdings bog sie ganz schnell nach rechts ab, da sie noch im Lehrerzimmer zutun hätte, wie sie sagte. Nun stand ich ganz schön belämmert da. Ich hatte schließlich insgeheim gehofft, dass sie mit nach draußen gehen würde.
Salami, Salami, Salami! Angeschmierte rechts raus! Es half nix. Ich konnte ja schlecht auf dem Flur bleiben. Also nahm ich all meinen Mut zusammen und ging auf den Hof.
Natürlich hatte der blöde Max auf mich gewartet.

Schmachtend stand er neben der Tür und lehnte, Lässigkeit vortäuschend, an unserem Schulhaselnussbaum. Mein Verstand raste, konnte aber keinen Ausweg finden.
Ich stellte mich einfach dumm und ging, ohne ihn eines Blickes zu würdigen, an ihm vorbei. So leicht gab der blöde Max allerdings nicht auf. Er trennte sich schnell von unserem Haselnussbaum, überholte mich behände und stellte sich mir in den Weg. Mir blieb nichts anderes übrig, als stehen zu bleiben. Herausfordernd sah er mich an. Er spielte den überlegenen Herzensbrecher. Dass er so sicher nicht war, konnte ich an der tiefen Röte seines Gesichts erkennen. Das gab mir meine normale Selbstsicherheit sofort zurück.
„Was willst du?“, fragte ich ihn ärgerlich.
Ich war eigentlich gar nicht ärgerlich. Das musste er aber ja nicht gleich mitkriegen.
„Mit dir spazieren gehen“, kam zitternd über seine Lippen.
Aha, dachte ich, so ein harter Typ bist du also gar nicht.
„Ich muss jetzt aber nach Haus“, erklärte ich ihm. „Es gibt schließlich heute Gehacktesklöße bei uns.“
Gehacktesklöße sind Frikadellen. Manche kennen ja den Ausdruck nicht mehr.
Max machte ein zerknirschtes Gesicht und drückte eine kleine Träne aus seinem linken Auge. Ich über-

legte nicht lange, machte einen Schritt nach vorn, gab ihm einen Kuss (igitt!) auf die Wange und rannte davon. Aus sicherer Entfernung drehte ich mich noch mal kurz zu ihm um und sah, dass er wie versteinert noch immer an derselben Stelle stand, den Kopf vorgereckt, den Kuss empfangend. Sah recht lustig aus und ich musste mich noch zu Haus über diese Szene halb kaputtlachen.

Omma und Muttern wunderten sich darüber, dass ich mich gar nicht wieder einkriegen konnte und fragten, was denn los sei. Ich konnte nicht anders und erzählte ihnen die Geschichte. Als ich am Schluss angekommen war und Maxens Gesichtsausdruck schilderte und natürlich auch nachäffte, lagen wir alle drei fast unter dem Tisch.

Allerdings hatte ich einen riesengroßen Fehler gemacht. Max hatte den Schnellkuss als Heiratsversprechen missdeutet und erzählte überall herum, dass er ab jetzt mit mir verlobt sei. Das bekam ich natürlich am nächsten Morgen in der Schule gleich aufs Butterbrot geschmiert.

„Retha und Max sind verlohobt! Retha und Max sind verlohobt!", wurde ich hämisch singend empfangen und die Ziege fragte mit süßlichem Gesicht:

„Na, wann kommt denn der Klapperstorch?"

Hoch erhobenen Hauptes schritt ich an ihr vorbei und betrat das Schulhaus. So was Blödes brauchte ich mir von der ganz bestimmt nicht anzuhören. Nein, musste ich nicht und Punkt! Ab jetzt zeigte ich dem blöden Mäxchen die kalte Schulter. So hatten wir nun wirklich nicht gewettet. Wo kämen wir denn da hin, wenn jeder X-Beliebige so einen Quatsch erzählen konnte? Ja, liebe Leute, das war meine erste Erfahrung mit der Liebe.

Ich wanderte am Nachmittag allein zu unserem Fluss. Der lag nur ein paar hundert Meter außerhalb unseres Dorfes und war über eine alte Brücke leicht zu erreichen. Unser Fluss floss nicht einfach nur geradeaus, sondern machte ein paar Kurven um unser Dorf herum. Da gab es einen wunderschönen Platz in der Innenseite einer Flusskurve, an dem ich mich liebend gerne aufhielt.
Die letzte Schneeschmelze hatte große Kiesdünen aufgeschüttet, auf denen ich mich gern niederließ, um den Fluss zu beobachten, oder einfach nur, um das Rauschen des Wassers zu genießen. Dort konnte ich lange sitzen und Urlaub machen. Wenn es mir zu langweilig wurde, stand ich einfach auf, stieg von der Kiesdüne herunter und stellte mich direkt ans Ufer. Dann ließ ich einfach Steine hüpfen oder sah einigen Ästen beim Vorbeischwimmen zu.
Manchmal kletterte ich auch unter die Brücke. Das ging gar nicht so schwer, wenn der Wasserpegel es zuließ. Dann war an meiner Flussseite ein kleiner

trockener Streifen, auf dem man die Brücke gefahrlos unterqueren konnte, ohne nasse Füße zu kriegen.

Ab und zu verkroch ich mich auch da unten, wenn Gefahr in Form eines anderen Menschen drohte. Das Flussspielen wurde von den Erwachsenen nicht gern gesehen, da vor hundert Jahren dort mal einer ersoffen war. Meistens kamen aber nur Bauern mit ihren Pferdefuhrwerken über die Brücke, um ihre jenseits des Flusses gelegenen Felder zu erreichen. Die eisenbereiften Leiterwagen machten schon von weitem so einen Lärm, dass ich immer rechtzeitig verduften konnte.

Auch war mir manchmal ein bisschen mulmig zumute, weil ich im Jahr davor einem schwarzen Mann begegnet war. Man erzählte im Dorf, dass er gefährlich sei und den Mädchen an den Po fassen würde. So was ist natürlich eine bodenlose Schweinerei, denn wenn ich mal musste, erlaubte ich es nur mir allein, meinen Hintern zu säubern. Da ließ ich keinen ran.

Ich wäre aber andererseits auch niemals im Leben auf die Idee gekommen, anderer Leute Hintern abzuwischen. Das konnten die gefälligst selbst tun. Dass es nun Menschen geben sollte, die das gern bei anderen taten, konnte ich mir nicht so recht vorstellen. Aber wenn Omma schon so was sagte, dann war es besser, vorsichtig zu sein. Man konnte ja nie

wissen.
Und grade als ich mal wieder da am Fluss rumgelungert hatte, sah ich den bösen Mann kommen. Ich hatte mich sofort unter der Brücke versteckt. Er hatte mich nicht bemerkt und war einfach weitergegangen. Schwitzend vor Angst hatte ich unter der Brücke ausgeharrt. Irgendwann war der Mann verschwunden und nie wieder aufgetaucht. Ob das alles überhaupt stimmte, was die Leute so redeten, weiß ich nicht. Ich habe nie wieder etwas von dem Mann gehört.

Es kamen öfter mal Männer und Frauen in unser Dorf. Meistens waren die mit großen Rucksäcken beladen. Viele davon waren kriegsversehrt, hatten also nur einen Arm oder ein Bein. Die zogen über die Dörfer und verkauften Nähgarn oder Strumpfhalter oder Hosenträger und so Sachen. Omma sagte immer:
„Die haben ein schweres Brot."
Für uns Kinder war so ein Fremder immer eine kleine Sensation, da manche der Hausierer etwas Kleines zum Spielen dabei hatten. Toll fand ich den Mann mit der Schuhcreme. Wenn man so und so viele Schuhcremedeckel zu ihm brachte, bekam man ein kleines Geschenk von ihm. Ein Jo-Jo oder eine kleine Flöte sprangen immer heraus.
Die Neuigkeit vom Erscheinen des Schuhcreme-

mannes verbreitete sich unter uns Kindern in Windeseile im ganzen Dorf und alle rannten durch die Gegend, um Schuhcremedeckel zu suchen. Da gab es dann manches Getöse, da einige Kinder nicht darauf warten wollten, bis so eine Schuhcremedose leer war. Sie nahmen einfach die Deckel auch von den noch vollen oder erst halbleeren Dosen. Das ist natürlich fatal, da die restliche Schuhcreme ohne Deckel eintrocknet und nicht mehr zu gebrauchen ist. Daran dachten die Kinder wohl nicht oder nahmen ein Donnerwetter gern in Kauf.

Eine Hausiererin mochte ich besonders gern. Die war sehr nett zu uns Kindern und hatte uns noch nie weggescheucht, was andere Hausierer ab und zu mal taten, wenn wir ihnen auf den Geist gingen. Immer hatte sie einen Apfel für mich in ihrer Schürzentasche.

Es gab allerdings eine Sache, die ich gar nicht an ihr mochte. Ab und zu bekam sie Anfälle, wie es Omma nannte. Dann fiel sie plötzlich und ohne Vorwarnung einfach um, zappelte auf der Erde rum und kriegte Schaum vor dem Mund. Das ängstigte mich jedes Mal sehr.

Einmal war es so schlimm, dass Omma, Muttern und eine Nachbarin sie in unser Haus tragen mussten, da sie einfach nicht wieder zu sich kommen wollte. Die Nachbarin kippte ihr dann eine Kanne Wasser ins Gesicht und nach ein paar Augenblicken

kam die Frau wieder zu sich. Die guckte vielleicht dumm aus der Wäsche, als sie bemerkte, dass sie von oben bis unten nass war.
Ein paar Wochen später war sie mal wieder in unserem Dorf. Sie marschierte wie immer von Haus zu Haus. Ich war ihr entgegengelaufen und trabte neben ihr her. Plötzlich fiel sie erneut um. Diesmal aber war es anders. Sie krümmte sich am Boden. Ihre Hände fuchtelten wie verrückt in der Gegend herum. Durch dieses Gekrümme und Gefuchtele war ihr langer Rock nach oben gerutscht und sie bekam ihre Strumpfhalter zu fassen. Sie riss so lange daran herum, bis die sich vom Korsett lösten.
Ich konnte gar nichts machen und stand nur erschüttert daneben. Eine Nachbarin kam angerannt, bedeckte erst mal die Blöße der Hausiererin und meinte, dass die wohl enorme Kräfte entwickeln müsse, da Strumpfhalter eigentlich doch sehr solide verarbeitet seien. Trotzdem bekam ich wieder meinen Apfel geschenkt. Ein paar Jahre später kam sie dann irgendwann nicht mehr wieder. Was aus ihr geworden ist, weiß ich nicht.

Heute weiß ich, dass viele Frauen im Krieg übelste Dinge über sich ergehen lassen mussten und niemals die Möglichkeit hatten, das Erlebte aufzuarbeiten. Es war doch immer dasselbe: die Männer fingen einen Krieg an, weil sie sich in ihrer Ehre ge-

kränkt sahen oder Bodenschätze ausbeuten wollten, die ihnen nicht gehörten, und die Frauen mussten es ausbaden.
Aber das ist ja heute auch nicht anders. Manche lernen `s einfach nie und übersehen, dass auch ihresgleichen dabei ins Gras beißen muss.
Ich verstehe sowieso nicht, dass sich 52% der Weltbevölkerung von den restlichen 48% dermaßen unterjochen lässt, wobei die 52% sogar noch um das 1,3fache intelligenter sind als die 48%. Da herrscht wohl die Macht des Stärkeren – wie im Mittelalter und davor. Aber ich merke schon: ich schweife ab.

So saß ich also immer noch auf der Kiesdüne und sinnierte vor mich hin. Plötzlich hörte ich ein Rascheln. Ich drehte mich in die Richtung des Raschelns und konnte gerade noch sehen, dass ein Kopf im Dickicht verschwand. Ich stand auf und rannte auf der dem Dickicht abgekehrten Seite die Kiesdüne hinunter. So war ich nicht mehr zu sehen und konnte unbemerkt unter die Brücke kriechen. Von dort aus beobachtete ich die Düne. Eine ganze Weile lang passierte nichts. Dann sah ich, dass jemand ganz langsam über den Dünenkamm kroch. Max!!! Was hatte denn der hier zu suchen?
Ich blieb, wo ich war und beobachtete einfach weiter. Langsam schlich Max die Düne hinab. Immer wieder sah er sich um, konnte mich aber wohl nicht

entdecken. Dann stellte er sich ans Ufer und warf ein paar Steine ins Wasser. Plötzlich drehte er sich um und ging auf mein Versteck zu. Natürlich kannte auch er diesen Unterschlupf. Den hatte ich ja schließlich nicht gepachtet.
Ich schlich also unter der Brücke hindurch, kletterte auf der anderen Seite den Abhang hinauf, schlich über die Brücke und konnte von oben gerade noch sehen, wie Mäxchen unter der Brücke verschwand. Am Knirschen des Kieses unter seinen Füßen konnte ich erkennen, wo er sich gerade befand. Er schien unter mir ein paar Mal hin- und herzulaufen. Dann näherten sich seine Schritte dem anderen Ende.
Was sollte ich jetzt bloß tun? Jetzt hörte ich, wie er den Weg unter der Brücke entlang auf demselben Weg verließ, wie ich einige Augenblicke zuvor. Also stieg ich über das Geländer und schlich den Abhang zum Fluss wieder hinab. Gerade als ich wieder unter der Brücke verschwunden war, hörte ich seine Schritte auf der Brücke. Ich schlich wieder unter der Brücke hindurch und konnte gerade noch sehen, wie er oben verschwand. Er überquerte also die Brücke, so wie ich zuvor.
Langsam kroch ich wieder empor und lugte über die Brücke. Max stand oben und schaute in die Tiefe. Ich blieb wie angewurzelt liegen und traute mich nicht zu atmen. Max stand unschlüssig herum, stieg dann noch mal über das Geländer und stolperte den

Abhang hinunter. Ruckzuck war ich wieder auf der Brücke, überquerte diese und sah in die Tiefe. Max verschwand gerade unter der Brücke. Ich horchte gespannt auf seine Schritte, konnte aber nichts hören.

Dann hörte ich etwas, schwang mich über das Geländer und ließ mich einfach fallen. In dem Moment war er auch schon auf der Brücke. Um Haaresbreite hätte er mich überlistet. Ich kugelte mich den Abhang hinunter und kroch in Windeseile erneut unter die Brücke. Als ich nach oben lugte, sah ich ihn oben stehen. Er guckte Gott sei Dank auf den Fluss und so sah ich ihn, er mich aber nicht. Ich zog den Kopf ein und wartete.

Das Nächste, was ich hörte war, dass er sich auf der anderen Seite über das Geländer schwang. Er hatte also die Brücke abermals überquert und wollte mir nun in den Rücken fallen. Schnell verließ ich mein Versteck auf dem Weg, auf dem ich gekommen war, hastete den Abhang, den ich gerade erst runtergekullert war, wieder hoch, schwang mich über das Geländer, überquerte die Brücke und sah auf der anderen Seite in die Tiefe. Max stand unten und rührte sich nicht. Er lauschte, hatte mich aber immer noch nicht entdeckt.

Dann nahte ein Pferdefuhrwerk. Das Rattern war schon von weitem zu hören. Das war meine Chance. Jetzt würde er sich nicht herauswagen. Auch er wollte ja kein Donnerwetter zu Haus riskieren. Ich ließ alle Vorsicht fahren und rannte über die Brücke ans andere Ufer. Das Rattern übertönte locker meine Schritte. Ich schlug mich drüben, also auf unserer Dorfseite, in die Büsche und beobachtete das Geschehen. Das Fuhrwerk kam näher und wurde somit immer lauter. Dann war es an mir vorbei. Ich kroch aus dem Busch und rannte in Richtung des Dorfes davon. Tja, Max, dachte ich, da musst du früher aufstehen, wenn du mich überlisten willst.

Als ich ein paar Tage später mal wieder am Fluss ankam, erwartete er mich schon unter der Brücke. Ich war so erschrocken über sein plötzliches Auftauchen, dass ich wie versteinert stehen blieb. Er kam auf mich zu. Weglaufen war zwecklos. Ich wusste, er war schneller als ich und hätte mich in null Komma nix eingeholt.

Dann stand er vor mir und schon verfärbte sich sein Gesicht. Er nahm wortlos meine Hand und ging in Richtung des Flusses davon. Ich musste ihm notgedrungen folgen. Was hätte ich auch sonst tun sollen? Als wir am Wasser angekommen waren, ließ er meine Hand los, drehte sich zu mir um und sagte, dass er mich absolut lieben würde. Und es würde ihn sehr freuen, wenn ich mit ihm „gehen" würde.

Er wirkte in diesem Moment so klein und zart und bittend, dass ich meine Chance witterte. Ich erklärte ihm, dass ich ihn ja ganz nett finden würde, mir

aber eine engere Freundschaft mit ihm nicht vorstellen könne. Da sich sein Gesichtsausdruck schlagartig änderte, schob ich ein „mal sehen" hinterher.
„Heißt das jetzt, dass du es dir noch mal überlegst?" fragte er mich.
Ich nickte nur. Mir war klar, dass es da nichts zu überlegen gab, allerdings wollte ich die prekäre Situation entschärfen.
Ich bückte mich, hob ein paar Steinchen auf und ließ sie über das Wasser hüpfen. So entspannte sich die Lage und er begann damit, mir seine ganze Lebensgeschichte zu erzählen. Die Flucht mit Omma, Oppa und Tante aus Pommern. Das Wohnen in einer Baracke ... Das meiste davon kannte ich schon, traute mich aber nicht, ihm das zu sagen. So hörte ich geduldig zu und erklärte ihm dann, dass ich jetzt nach Haus müsste, da ich sonst Ärger mit Muttern kriegen würde. Und eine Suchaktion wolle ich nicht auslösen.
Dann drehte ich mich um, sagte tschüss zu ihm und ging davon. Ich wollte gerade den Abhang zur Brücke hinaufsteigen, als er mich von hinten ansprang. Um ein Haar wäre ich auf die Nase gefallen, konnte mich aber mit den Händen gerade noch abfangen. Er war zwar viel stärker als ich, allerdings hatte ich den Vorteil jetzt auf meiner Seite, da ich über ihm stand. Ich drehte mich blitzschnell um und schubste

ihn den Abhang hinunter. Er hatte so unglücklich das Gleichgewicht verloren, dass er ins Trudeln kam. Halt suchend schlug er wild mit den Armen um sich, fand keinen und plumpste ins Wasser.
Meine Schreckensstarre löste sich augenblicklich. Prustend kam er wieder hoch. Jetzt sah er wirklich gut aus. Seine Kleidung war total nass und ein paar Flussalgen hatten sich in seinen Haaren und auf seinem Hemd verfangen. Poseidon lässt grüßen. Ich wäre fast vor Lachen ebenfalls den Hang hinunter gekugelt, konnte mich aber gerade noch halten.
Max stand wutschnaubend im Wasser und schüttelte sich wie ein nasser Hund. Dann stürzte er aus dem Wasser und versuchte, den Hang zu mir empor zu klettern. Gott sei Dank rutschte er mit seinen nassen Schuhen am Hang aus und fiel erneut ins Wasser. Als ich sah, dass er unversehrt auftauchte, nahm ich meine Beine in die Hand und rannte zum Dorf zurück. Seitdem würdigte er mich nie wieder eines Blickes. Er sah einfach durch mich hindurch. Gott sei Dank nahm er aber auch keine Rache an mir. Die hatte ich nämlich befürchtet.

Ehe ich überhaupt richtig zu mir kam, war schon der Herbst angebrochen. Die Herbstferien hatten eben angefangen, als auch schon der große Pferdewagen auf dem Hof stand. Ein Nachbar hatte mehrere Pferde und Wagen und Omma hatte ihn wie jedes Jahr angeheuert. So stieg die ganze Verwandtschaft auf den Wagen und ab ging es zu den Kartoffeläckern.

Hei, machte das einen Spaß! Auf einem Pferdewagen fuhr ich gern mit. Wir hatten es ziemlich bequem da oben, da wir uns auf die noch leeren Kartoffelsäcke setzen konnten. Allerdings war eine Unterhaltung nur schreiend möglich, da die großen mit Eisen bereiften Holzspeichenräder einen höllischen Lärm machten. Erst als wir aus dem Dorf heraus und auf erdigen Feldwegen unterwegs waren, war es auszuhalten.

Nach etwa einer halben Stunde erreichten wir das erste Feld. Wessen Feld wir zuerst aberntenten, weiß ich heute nicht mehr. Ich kann mich nur noch erinnern, dass wir an drei oder vier Tagen alle Felder der Verwandtschaft abgeklapperten.

So, nun aber runter vom Wagen. Ein paar Onkel oder angeheiratete Onkel gingen mit der Gräpe vorweg und zerschlugen die Kartoffelreihen.

Für alle, die nicht wissen, was eine Gräpe ist, will ich das mal eben erklären. Eine Gräpe ist eine breite fünfzinkige Forke. Sieht ein bisschen aus wie eine riesengroße Gabel.

Wir Kinder teilten uns die Aufgaben mit den Frauen. Entweder gingen wir hinter den Männern her und schüttelten die Kartoffeln vom Kartoffelkraut ab oder wir folgten den Schüttelfrauen und lasen die Kartoffeln in einen Weidenkorb. Etwas später benutzten wir Drahtkörbe. Die waren leichter und konnten an ihrem Griff besser weitergesetzt werden. Bei den Weidenkörben hatten wir manchmal das Problem, dass die an ihrem Unterboden lehmig und damit sehr schwer wurden. Das konnte mit den Drahtkörben nicht passieren. War ein Korb gefüllt, stand man auf und entleerte diesen in einen großen Kartoffelsack.

So ging das den ganzen Tag hin und her. Wir waren kaputt wie die Hunde. Der Rücken tat weh und auch die Knie. Wir zogen zwar zum Kartoffellesen immer besonders dicke Wollröcke an, konnten damit aber unsere Knie nicht ewig schonen. Das Rutschen auf der steinigen Erde hinterließ eben seine Spuren.

Mittags wurden die mitgebrachten Brote und der Thermosflaschentee verzehrt. Wir setzten uns auf die schon vollen Säcke und ließen es uns gut gehen.

War ein Feld abgeerntet, wurden die vollen Säcke auf dem Leiterwagen verstaut. Anschließend wurde das Kartoffelkraut zusammengetragen und aufgeschichtet. Omma holte ihre Streichhölzer aus der Kitteltasche und entzündete den Haufen. Das war immer der schönste Moment des ganzen Kartoffeltages. Wir Kinder durften frische Kartoffeln auf einen Stock spießen und grillen.

Man musste dabei äußerst vorsichtig sein, da der

Rauch des brennenden Kartoffelkrautes ziemlich in den Augen beißt und Einatmen ist auch nicht so gesund. Mir ist das mal passiert. Ich halte meinen Stock mit der Kartoffel ins Feuer, stehe also ziemlich dicht dran, da schlägt plötzlich der Wind um und ich stehe im Nebel. Da muss man schon aufpassen, dass man nicht in Panik gerät. Man sieht nichts mehr, da die Augen augenblicklich tränen und Luft kriegt man auch nicht mehr. Dieser Rauch beißt nicht nur in den Augen, sondern auch im Hals. Man hat innerhalb weniger Sekunden das Gefühl zu ersticken.

Dann setzten wir uns alle auf die Kartoffelsäcke und fuhren weiter. Wenn es abends spät geworden war, fuhren wir direkt ins Dorf zurück. Dort wurden die Säcke an die einzelnen Leute verteilt.

Eine Holzrutsche wurde vor das Kellerloch geschoben und die Kartoffeln da drauf geschüttet. So kullerten die dann mit großem Getöse und vielen Staubwirbeln in den Keller. Unten hatte Muttern vorher schon einen Stietz gebaut. Das ist ein Holzverschlag, in dem die Kartoffeln über das Jahr gelagert wurden. Er musste gut belüftet sein, nicht zu kalt und nicht zu warm. Denn wenn die Lüftung nicht stimmte, begannen die Kartoffeln zu schimmeln. War es zu warm, keimten sie und war es zu kalt, konnten sie erfrieren und wurden ungenießbar.

Waren alle Kartoffeln verstaut, gab es erst einmal für alle einen Schnaps. Für uns Kinder natürlich nicht. Wir bekamen eine Brause. Vielleicht denkt ihr jetzt: „Ach, so 'ne blöde Brause!" Für uns war Brause eine Delikatesse. Die gab es nämlich nicht jeden Tag, sondern nur zu besonderen Anlässen. Normalerweise tranken wir Milch frisch von der Kuh, Wasser oder eben Tee. Heute habt ihr da natürlich wesentlich mehr Auswahl.

Ja, so sah unser Jahr aus. Es wurde bestimmt von den Jahreszeiten und den damit verbundenen verschiedenen Tätigkeiten in der Landwirtschaft. Natürlich waren wir in einigen Belangen ziemlich rückständig gegenüber den Städtern, hatten aber nicht nur viel Arbeit, sondern auch manchmal einen Heidenspaß dabei.
Wenn ich noch so an unsere Heu- oder Getreideernten denke, fallen mir auch hier und da noch ein paar schöne Episoden ein.
Als erstes im Jahr ging es immer zum Heu machen. Omma und Muttern zogen dann mit Sensen bewaffnet los. Ich zog den kleinen Handleiterwagen mit den Heuharken zur Wiese. Oft träumte ich dabei vor mich hin und musste mehrfach ermahnt werden, um den Anschluss an die beiden nicht zu verlieren. So ging es dann zum Dorf hinaus und über den staubigen Feldweg bergauf und bergab.

An der Wiese angekommen, wetzten die beiden zuerst die Sensenblätter mit einem Wetzstein. Dann stellten sie sich nebeneinander auf und begannen mit der Mäherei. Nachdem sie ein Stück fertig gemäht hatten, kam ich zum Zuge. Meine Aufgabe bestand darin, das frisch gemähte Gras auseinanderzuwerfen, also gleichmäßig über die Wiese zu verteilen. So verteilt trocknete es besser. Manchmal war es im Frühsommer schon so heiß, dass das Gras vorn schon angetrocknet war, wenn ich hinten fertig verteilt hatte.

So konnte ich mit der Heuharke gleich wieder vorn anfangen und das Gras wenden. Heu musste mehrmals ausgiebig gewendet werden, um es richtig durchtrocknen zu lassen. Erstens war es dann wesentlich leichter zu transportieren — nur nasses Gras ist schwer — und zweitens fing es kein Feuer, wenn es auf dem Heuboden auf seinen Verzehr wartete.

Ein Heubodenbrand kommt gar nicht mal so selten vor, da sich nicht ganz trockenes Heu selbst entzünden kann, wenn es anfängt zu gären. Deswegen ist auch bei uns im Dorf schon so manches Haus abgefackelt. Heute ist die Gefahr noch viel größer, da das Heu gepresst in Ballen gelagert wird.

So schritt ich also auf und ab und wendete das Heu. Omma und Muttern nahmen sich ebenfalls je eine Harke und folgten mir, wenn sie mit der Mäherei

fertig waren.
Nach einigen Tagen — gutes Wetter vorausgesetzt — des Heuwendens, konnte alles eingefahren werden. Ich harkte das Heu zusammen und formte Haufen daraus. Dann wurde es auf den Handwagen geladen und mit Seilen verzurrt. Heu ist ja ziemlich leicht und wenn man das nicht festbindet, fliegt es bei jedem Windstoß sofort weg.
Zu Haus angekommen wurde das Heu mit einer langen zweizinkigen Forke durch eine Luke auf den Dachboden befördert. Das war die schlimmste Arbeit, da man das Heu über den eigenen Kopf hinweg nach oben reichen musste. Das wurde nicht nur sehr schwer mit der Zeit, sondern man stand auch im direkten Staubregen. Ich konnte kaum atmen und außerdem sah man aus wie ein Schwein nach der Suhle, wenn sich Schweiß und Staub auf der Haut und in den Haaren zu einem ansehnlichen Brei vermischten.
Manchmal setzte ich mich dann so wie ich war, also mit Kleidung, unter die Regentonne und ließ mir das Wasser über den Kopf laufen.

Danach war irgendwann das Korn reif für die Ernte. Anfangs wurde auch das mit der Sense geschnitten. Omma und Mutter standen so manchen Tag auf den Feldern und sensten was das Zeug hielt. Kornfelder waren nicht so richtig nach meiner Nase, weil die Stoppeln ziemlich stechen konnten und manche Halme so scharf waren, dass ich mir immer wieder in die Haut schnitt. Aber, was half `s? Auch diese Arbeit musste schließlich erledigt werden, obwohl meine Arme und Beine anschließend ziemlich schlimm aussahen und bestimmt in kein Modemagazin gepasst hätten.

Die Strohhalme wurden zusammengetragen und zu Garben aufgestellt. Das ging so: Man bückte sich und holte sich einen Arm voll Stroh. Das wurde mit den zuvor aus Strohhalmen geflochtenen Seilen zusammengebunden. Die so entstandenen Strohbüschel wurden gegeneinander gestellt und so ausgewogen, dass sie stehen blieben. Das war sehr wichtig, damit sie bei Wind nicht gleich durch die Gegend flogen.

Mir war das natürlich mehrmals passiert und ich kann mich noch genau daran erinnern, wie ich dann wie eine Verrückte über die Äcker rennen musste, um unser Stroh wieder einzufangen.

Auch das Stroh wurde per Leiterwagen nach Haus geschafft, wenn es getrocknet war.

Anfangs mussten wir die Frucht, also die Körner, noch mit einem Schlegel vom Stroh trennen. Später leisteten wir uns den Luxus, von einem Lohnunternehmer eine Dreschmaschine kommen zu lassen. Das wäre natürlich für unsere kleine Landwirtschaft sehr teuer geworden. Das konnten wir ganz einfach

umgehen, in dem wir uns mit den Nachbarn und Verwandten zusammenschlossen. So stand die Dreschmaschine – ein wahres Ungetüm von Maschine – bei einem von uns auf dem Hof und alle anderen holten ihr Stroh zum Dreschen dazu.
Die Frucht musste mit Schaufeln hochgeworfen werden, um die Spreu von den Körnern zu trennen. Diese Arbeit war nicht sehr schwer, aber äußerst staubig. Das Stroh wurde auf den Boden gehievt – siehe Heu – und die Frucht kam auf den Fruchtboden. Dort wurde sie verteilt und konnte vor sich hin trocknen.
In einem Nebengebäude hatten wir eine Schrotmühle. Wenn Getreideschrot für die Fütterung der Schweine gebraucht wurde, musste die Frucht mit einer Holzschaufel in Säcke geschaufelt werden. Diese wurden auf den Boden des Nebengebäudes geschleppt und dort in den Trichter der Schrotmühle entleert.
Dann musste im Erdgeschoss der leere Sack an den Auslauf der Mühle gehängt werden. War das passiert, konnte der Strom eingeschaltet werden. Ein großer Elektromotor erwachte zum Leben und trieb über einen breiten Keilriemen die Mühle an. Das war vielleicht ein ohrenbetäubendes Geratter. Nach einigen Augenblicken war der Sack voll und die Maschine konnte abgestellt werden.
Das Schrot wurde mit Wasser und Milch angerührt

und in die Schweinetröge geschüttet. Die Schweine wussten schon, was ihnen blühte, und standen in Reih und Glied an den Trögen.
Unsere paar Schweine waren im Schweinestall in gemauerten Stietzen – heute würde man neudeutsch Boxen dazu sagen – untergebracht. Die Tröge waren an der Vorderseite, also zum Gang hin, angebracht. So konnte ich die Pampe von außen in die Tröge schütten, ohne direkt in den Stall zu müssen. Das war das Frühstück der Schweine. Zum Abendbrot bekamen sie gestampfte Kartoffeln. Diese wurden in einem großen Kessel gekocht und anschließend zermust. Ab und zu gab es Essensreste für sie, die von ihnen ebenfalls gern genommen wurden.

Obendrein hatten wir noch drei Kühe. Die waren im Kuhstall untergebracht. Rosi, Lotte und Resi waren gewaltige braune Viecher. Ich hatte einen Heidenrespekt vor ihnen. Resi hatte mir mal aus Versehen auf den Fuß getreten. Das war vielleicht was. Da hatte ich ein paar Tage was davon. Mein Fuß wurde nicht nur ziemlich dick, sondern erstrahlte auch in allen Regenbogenfarben, dass es eine Freude war, das mit anzusehen. Deswegen musste ich auch im Winter mal in Pantoffeln zur Schule gehen, da kein anderer Schuh gepasst hätte. Omma meinte nur, ich solle mich man nicht so anstellen. Bis zu

meiner Hochzeit hätte ich das wieder vergessen. Die hatte immer gut reden. Der war die Kuh ja auch nicht auf den Fuß getreten.
Die Kühe bekamen im Sommer Grünfutter, also frisch geschnittenes Gras von der Wiese oder aus dem Garten und außerdem Rübenschnitzel. Die roten Rüben wurden aus dem Keller geschleppt und durch eine Schnitzelmaschine gedreht.
Dieses Gerät hatte oben drauf einen großen Trichter, in den ich die Rüben legen musste. Unter den Auswurf stellte ich einen Eimer und drehte dann an einer großen Kurbel. Eine mit Messern besetzte Trommel setzte sich in Bewegung. Damit wurden die Rüben geschnitzelt und fielen in den Eimer.
Nun schleppte ich den Eimer – meistens waren es zwei, weil ich zu faul zum Zweimallaufen war – in den Kuhstall und kippte den Inhalt auf den Gang vor den Kühen. Dieser Kopfgang – er lag am Kopfende der Kühe – war auf etwa Brusthöhe der Kühe erhöht angelegt worden. Danach öffnete ich die hölzernen Sperrgitter. Die Kühe streckten ihre Köpfe hindurch und begannen zu fressen.
Gott sei Dank hatte Omma automatische Tränken einbauen lassen. Das war damals der letzte Kuhstallschrei. Dabei handelte es sich um kleine Becken aus Eisen, die am oberen Rand einen Knopf eingebaut hatten. Drückte die Kuh mit der Nase auf diesen Knopf, sprudelte Wasser in das Becken und die

Kuh konnte trinken. Das war eine höllische Erleichterung und die ewige Wasserschlepperei konnte wegfallen.
Was war sonst noch so zu beachten? Ach ja, die Misterei gab es da noch. Ich schob also die Mistkarre in den Stall. Eine Mistkarre unterscheidet sich von anderen Einradkarren dadurch, dass sie kein Becken oben drauf hat, sondern nur eine ebene Plattform. Diese Plattform hat einen Knick, um das Herunterfallen des Mistes zu verhindern.
Ich nahm eine Gräpe zur Hand und schaufelte damit den Mist auf die Karre. Dann holte ich Stroh vom Boden – ich konnte dieses durch eine Bodenluke nach unten in den Stall werfen – und verteilte es gleichmäßig unter den Kühen. Manchmal waren die Halme zu lang und ich musste sie mit einem Strohschneider halbieren.
Ein Strohschneider besteht eigentlich nur aus einem Gestell, an dem ein langes und äußerst scharfes Messer befestigt ist. Ich legte also die Strohgarbe darunter und drückte das Messer mit einem kühnen Schwung nach unten. Schon war das Stroh nur noch halb so lang und ich konnte es gut durch die Luke in den Stall werfen. Das Ganze wiederholte ich im Schweinestall.
Die Kuh- und Schweinepipi floss durch Nuten im Betonboden direkt durch ein Rohr in die Jauchegrube. Einmal im Jahr wurde ein großes Langfass

auf den Leiterwagen gehoben, eine Schwengelpumpe installiert und die Jauche in das Fass gepumpt. Das war harte Arbeit, da der Schwengel einige hundert Mal auf und ab gedrückt werden musste, bis so ein Fass voll war.
Dann wurde der Wagen von den Kühen auf den Acker gezogen. Das Holzgestell, mit dem das Fass auf dem Leiterwagen befestigt war, sorgte nicht nur dafür, dass das Fass seitlich nicht wegrutschen konnte, sondern obendrein dafür, dass das Fass zum Wagenende hin leicht gekippt war. Am hinteren Ende des Fasses war ein Ventil angebracht. Wenn die Kühe den Wagen mit dem Fass über den Acker zogen, wurde dieses Ventil geöffnet und die Jauche schoss heraus. Um sie auf dem Acker gut zu verteilen, war unterhalb des Ventils ein kleiner halbmondförmiger Teller angebracht. Der sorgte dafür, dass die Jauche nicht nur nach hinten rausspritzte, sondern auch zu den Seiten hin verteilt wurde. War ein Fass leer, ging es zurück und die Pumperei begann von vorn.

Die schlimmste Arbeit, an die ich mich immer noch mit Grausen erinnere, war die Rübenernte. Wir zogen also mal wieder alle auf den Acker. Eine ging durch die Reihen, zog die Rüben an den Blättern aus der Erde und legte diese dann nebeneinander auf dem Boden ab. Die Zweite folgte ihr und schnitt

mit einem Stecheisen — das ist ein scharfes breites Messer an einem Holzstiel — die Blätter von den Rüben ab. Die Dritte, Vierte und Fünfte sammelten die Rüben auf und legten diese auf den Wagen.
War dieser voll, wurde er zu Haus leer gemacht. Waren die Rüben nach mehreren Fahrten endlich unter Dach und Fach, mussten noch die Blätter geholt werden. Die wurden natürlich nicht weggeschmissen, sondern dienten als Zusatzfutter.
So war ich vor und nach der Schule immer gut beschäftigt und die meisten Ferien verbrachte ich auf irgendwelchen Feldern oder Wiesen. Wenn ich noch die ganz normalen Haushaltstätigkeiten dazuzählte, kam ich auf eine ganz anständige Tagesschicht.
Gott sei Dank ging das Melken an mir vorbei. Das ließ Omma sich nicht aus der Hand nehmen. Sie hatte beschlossen, dass sie für die Milch zuständig war und wenn sie einmal etwas beschlossen hatte, dann war das so und Schluss! So traurig war ich aber darüber gar nicht. Ich hatte sowieso Arbeit genug und außerdem kroch ich nicht so gern zwischen den Kühen herum.

Ach ja, unsere Hühner und Kaninchen habe ich ja noch ganz vergessen. Diese kleinen Tiere machten nicht all zuviel Arbeit. In einer Wand des Hühnerstalles befand sich ein DIN-A4 großes Loch. Dadurch hatten die Hühner die Möglichkeit, nach

draußen in den Garten zu schlüpfen. Dort hatten wir mit Hühnerdraht ein Stückchen abgezäunt und da wurden die Hühner auch gefüttert und erledigten ihre Geschäfte. Das Wandloch konnte mit einem Brett verschlossen werden und bot so Schutz vor Marder, Fuchs und Iltis. Diese edlen Herren hatten nachts schon mehrfach versucht, eine unserer Hennen zu stibitzen. So wurden die Hühner also morgens rausgelassen. Abends trollten sie sich allein in den Stall und die Klappe wurde wieder heruntergelassen.
Die Kaninchen fristeten ihr armseliges kurzes Leben in einem Kaninchenstall, bekamen Löwenzahn und Hühnerfutter und wurden rasch ins Jenseits befördert, um unseren Speiseplan aufzufrischen.
Ich mochte die Hühner am liebsten, da ich einfach größer war als sie und sie obendrein wenig Arbeit machten. Außerdem spendierten sie mir jeden Morgen ein frisches Ei, was ich immer nach dem Kochen desselbigen mit Heißhunger verzehrte.
Ich erinnere mich noch genau, dass ich mich einmal – ich war wohl fünf oder so – fürchterlich mit einem Tierarzt anlegte. In unserem Dorf ging die Hühnerpest um – ob diese Krankheit wirklich so heißt, weiß ich nicht genau – und alle Hühner mussten dagegen geimpft werden.
Ich war gerade im Haus mit einer meiner Holzpuppen beschäftigt, als ich vom Hof her ein furchtbares

Gezetere und Geflattere vernahm. Da musste doch etwas los sein! Ich ließ also Puppe, Puppe sein und rannte nach draußen. Ein Mann rannte wie wild hinter den Hühnern her und hatte er eines gefangen, stach er es mit einer Nadel. Das ging doch wohl nun wirklich nicht! Ich rannte also in den Garten und stürzte mich todesmutig dazwischen. Er hatte gerade wieder eines beim Wickel und ich entriss ihm diese arme unschuldige eierspendende Kreatur. Der Mann blickte mich verblüfft an. So eine Attacke hatte er wohl nicht von mir erwartet.

Er stellte sich vor mir auf und erklärte mir sein schändliches Tun. Da ich nichts von dem verstand, was er mir erzählte, stellte ich mich weiterhin schützend vor die Hühner. Plötzlich endete sein Redeschwall und er versuchte erneut, ein Huhn zu ergreifen. Wieder sprang ich dazwischen und entriss ihm das Huhn. Danach drehte ich mich blitzschnell um und scheuchte die Hühner vor mir her, also von ihm weg. Ich hatte die Hühner so in Rage gebracht, dass er ab jetzt keine Chance mehr hatte, eines zu fangen. So trug ich einen stolzen Sieg davon. In ihm – ich meine, meinen Sieg – konnte ich mich allerdings nicht sehr lange sonnen, da Omma um die Ecke kam, mir eine scheuerte, mich am Schlafittchen packte und mit sich fortzog.

Um mich schlagend, versuchte ich, zu entkommen. Aber auch mein Tränenausbruch konnte die Situation nicht mehr retten. Ich musste das Feld räumen und zusehen, wie der böse Mann die armen Hühner weiterhin quälte. Ich brauchte Stunden, um mich wieder zu beruhigen.

Natürlich gab es auch wunderschöne Zeiten, die ich nie mehr vergessen werde. Toll fand ich es zum Beispiel, wenn im Frühling die Sonne wieder höher stieg und die Natur anfing zu grünen.
Omma sagte dann immer: „Hüite brukeste kane Strümpe antrecken. Däi Sünne werd deck schaun uppwarm."
(Heute musst du keine Strümpfe tragen. Die Sonne wird dich schon aufwärmen.)
Das hörte sich leider nur im ersten Moment verlockend an. Denn ging ich morgens vor die Tür, war es doch noch recht frisch und ich bekam ziemliche Gänsehaut. Nach und nach wurde es dann aber wärmer und so war es schon schön, wenn ich Strumpfhalterhemd und Strümpfe weglassen konnte. Manchmal legte ich mich dann einfach im Garten ins Gras und ließ mich von der Sonne aufwärmen.
Am Schönsten war es, wenn das Gras sehr hoch stand. Dann schlich ich mich manchmal in den Garten, zog mein Kleid aus und legte mich nackig in die Sonne. Damit beging ich leider immer gleich zwei Straftaten gleichzeitig. Erstens durfte ich nicht ins hohe Gras, da es ja noch gemäht werden musste,

und das ging nicht so gut, wenn es jemand platt gelaufen hatte, und zweitens zeigte sich ein Mädchen niemals nackig.
Ich passte zwar immer auf, dass mich niemand sehen konnte, wurde aber trotzdem einmal von Omma dabei erwischt. Das gab vielleicht ein Theater. Ich verstand das gar nicht, da ich am Nackigsein nichts Schlimmes finden konnte. Wenn ich Omma nach den Gründen ihres Aufgeregtseins befragte, sagte sie immer nur: „Wall doarümme!"
(Weil darum!)
Diese Antworten fand ich immer sehr informationslos und somit äußerst unbefriedigend. Aber, wie heißt doch das alte Sprichwort?
„Die Klügere gibt nach."
Eine andere Chance hätte ich ja auch gar nicht gehabt. Trotzdem konnte ich mir diese kleinen Abenteuer nicht immer verkneifen. Es war einfach herrlich, wenn kein bisschen Stoff die Sonne an ihrer Wärmerei hinderte.

Dann gab es mal wieder einen großen Einschnitt in meinem Leben. Obwohl ich ein Mädchen war, kam ich in der Schule wider Erwarten gut mit. Eigentlich war ich sogar die Klassenbeste. Das durfte ich aber nicht laut verkünden, da das nur die Jungen sein durften.
Die Lehrerin kam zu uns nach Haus und sprach mit

Muttern und Omma. Sie empfahl ihnen, mich zur Oberschule – so hieß damals das Gymnasium – zu schicken. Omma machte einen ziemlichen Aufstand deswegen. Das wäre ja wohl das Allerletzte. Was sollte ich nichtsnutziges Gör denn auf der Oberschule? Das wäre doch nun wirklich vergebens.
Ich sollte als Mädchen nicht so große Rosinen im Kopf haben und die Volksschule nach der achten Klasse gefälligst verlassen. Im Haushalt könne ich genug fürs Leben lernen und wenn ich dann bald heiraten würde, hätte ich mit Haushalts-, Kinder- und Ehemannversorgung schließlich genug zu tun. Muttern war da ein bisschen anderer Meinung. Sie sagte, dass sie auch gern einen richtigen Beruf erlernt hätte. Jetzt, da ihr Mann gefallen sei, wäre das bestimmt recht hilfreich gewesen.
Das war aber nun wirklich zu viel für Omma. Die beiden stritten sich heftigst und ich flüchtete in den Garten. Als ich mich irgendwann wieder reintraute, hatten sich die Rauchschwaden ein bisschen verzogen. Die Lehrerin war noch immer da und erklärte mir, dass sie alle drei beschlossen hätten, dass ich nach den Ferien auf die Mittelschule – heute heißt das Ding Realschule – gehen sollte.

Ja, so ging ich also zur Mittelschule. Wer hätte das gedacht? Jetzt musste ich natürlich früher aufstehen, um den Bus in die Stadt zu erreichen. Also

stellte ich mich morgens an die Bushaltestelle und wartete gespannt. Nach und nach füllte sich der Platz mit den anderen Buswartern.
Leider war ich die Einzige aus meiner ehemaligen Volksschulklasse, die auf eine höhere Schule ging, und so musste ich mir neue Freundinnen suchen. Das war aber nicht allzu schwer.
An die Busfahrerei gewöhnte ich mich recht schnell. Man musste sich halt durchbeißen und zusehen, dass man in der Hackordnung im Bus nicht auf den letzten Platz abrutschte.
Da ich aber eigentlich schon immer eine ziemlich große Klappe haben konnte, ging das alles. Gegen die Großen kam ich natürlich nicht an, aber mit den Gleichaltrigen gab es kein Problem.
Es kam zwar ab und an zu kleineren Reibereien, aber normalerweise konnten die immer schnell entschärft werden. Einen Jungen hatten wir im Bus, der sich oft ziemlich aufspielte. Er meinte, dass Mädchen sowieso zu nix taugen und ihn nur stören würden. Wenn er in den Bus einstieg, standen einige jüngere Mädchen auf, um ihm ihren Platz anzubieten. Großherrlich schritt er dann den Gang entlang. An seinem feisten Grinsen konnte man erkennen, was er diesmal im Schilde führte.
Meistens setzte er sich mit überheblichem Getue auf einen freien Platz. Manchmal aber eben auch nicht. Dann musste er mal wieder seine Macht demon-

strieren. Er beachtete die freien Plätze gar nicht, spähte im Bus hin und her und suchte sich ein Opfer aus. Stand dieses Opfer nicht augenblicklich auf, wurde er grob und zog es vom Sitz. Wenn er ganz schräg drauf war, wechselte er während der Fahrt mehrmals den Sitzplatz, um immer wieder jemanden schikanieren zu können. Allerdings traute er sich das nicht bei den Jungen. Man munkelte, dass er von einem mal fürchterlich eins auf die Nase gekriegt haben soll. Seitdem hielt er sich an die Mädchen.

Ich kann mich noch an den Tag erinnern, der fast mein letzter in diesem Leben gewesen wäre. Wieder stapfte er großkotzig durch den Bus. Er hatte sich ein sehr kleines Mädchen ausgesucht und lief darauf zu. Ich weiß nicht, welcher Irrsinn mich ritt. Jedenfalls streckte ich mein Bein aus und er segelte im Gang hinunter. Völlig verdreckt kam er wieder auf die Beine. Da er in der rechten Hand seine Schultasche und in der linken einen großen Zeichenblock getragen hatte, war er stumpf auf die Nase gekracht. Deswegen starrte nicht nur seine Jacke vor Schmutz, sondern auch sein Gesicht.

Wutschnaubend kam er auf mich zu. Ich hielt die Luft an. Jetzt war also mein letztes Stündlein angebrochen. Allerdings hatte der Busfahrer die Szene in seinem großen Spiegel beobachtet und sagte mit dräulicher Stimme, dass sich unser Freund doch

besser jetzt einen Sitzplatz suchen solle. Und übrigens wäre es ja wohl unter der Würde eines richtigen Mannes, ein Mädchen zu schlagen. Da konnte er ja schlecht was machen.
Er schritt wutentbrannt an mir vorbei und raunte mir zu, dass ich schon mal mein Testament machen solle. Das hätte ein Nachspiel für mich. Scheiße, dachte ich, die Fahrt ist ja gleich vorbei. In der Stadt schlägt er mich bestimmt gleich tot. Was also tun?
Ich griff mir meinen Ranzen und spannte alle Muskeln an. Schon als der Bus am Busbahnhof hielt, stand ich in der Tür und sprang als Erste hinaus. Im allgemeinen Gedränge konnte mir mein Widersacher nicht folgen. Wie eine Irre wühlte ich mich durch die Menschenmenge am Busbahnhof und bekam dadurch einen erheblichen Vorsprung. Wie verrückt rannte ich zur Schule und stellte mich dann an das Klassenfenster. Erst jetzt erreichte auch er das Schulgebäude. Nun war es aber zu spät. Ich war erstmal in Sicherheit.
In den Pausen drückte ich mich ewig lange auf der Mädchentoilette herum. Das war ein sicherer Hort, da sich Jungen dort nicht reintrauten. Es war mal einer dort erwischt worden. Den hatte man gleich von der Schule verwiesen – wegen Unsittlichkeit. Dieser Schande wollte sich natürlich niemand mehr aussetzen.
Endlich war die Pausenzeit vorüber und ich huschte

wieder in meine Klasse zurück.
Gott sei Dank hatten wir eher Schulschluss als einige andere Klassen und so konnte ich sicher nach Haus fahren. Ich grübelte noch eine Weile über den nächsten Tag nach, verdrängte dann aber diese Gedanken. Jetzt hatte ich einen weiteren Lebenstag gewonnen. Vielleicht konnte ich ihm ja morgen erneut entkommen. Da er zwei Stationen nach mir zustieg und diese drei Bushaltestellen ziemlich weit voneinander entfernt lagen, hegte ich die Hoffnung, dass ich vielleicht doch noch eine klitzekleine Überlebenschance hatte.
Komischerweise ließ er mich am nächsten Tag in Ruhe. Mir zitterten zwar die Knie, als er den Bus betrat, aufgeben wollte ich aber nicht so schnell. Das Leben schien mir zu schön, als dass ich jetzt schon sterben wollte. Er ging an mir vorbei und übersah mich einfach. Auch in der Schule ließ er mich in Ruhe und so konnte ich gefahrlos den Pausenhof aufsuchen.

Eines Nachmittags war ich auf dem Weg zu einer Freundin. Diese wohnte etwas außerhalb des Dorfes. Um sie zu erreichen, musste ich durch eine schmale Gasse gehen, die zu beiden Seiten ziemlich dicht zugewachsen war. Plötzlich tauchte er wie aus dem Nichts vor mir auf. Er rannte auf mich zu und ehe ich meinen Schreck überwinden konnte, hatte er mich auch schon gepackt. Er drehte mich um und legte seinen Arm um meinen Hals. Dann drückte er zu und ich bekam keine Luft mehr. Ich ruderte mit den Armen, hatte aber keine Chance ihn abzuschütteln.

Er zog meinen Kopf ganz dicht an seinen Mund und flüsterte mir mit gefährlich leiser Stimme ins Ohr, dass jetzt der Zeitpunkt der Rache gekommen sei. Er lockerte seinen Griff etwas, ließ aber nicht los. Jetzt bekam ich wieder Luft und fing an zu heulen. Das brachte ihn allerdings nicht aus der Fassung. Er drehte sich einfach um und schleppte mich hinter sich her.

Durch ein Loch im Bewuchs zerrte er mich auf eine kleine Wiese. Dann warf er mich auf das Gras und kniete sich auf meine Oberarme. Seine Knie schmerzten mich wahnsinnig doll und mir blieb wieder die Luft weg. Danach ließ er sich ganz langsam nieder und setzte sich auf meinen Bauch.

Nun hielt er mir eine Rede. Er könne es sich nicht leisten, sich von mir so dermaßen demütigen zu lassen. Sein guter Ruf würde auf dem Spiel stehen. Ich fragte mich insgeheim, welchen er meinte, konnte aber diesem lustigen Gedanken nicht sehr lange nachhängen, da er jetzt mit einer Hand meinen Hals umschloss und mit der anderen Hand nach hinten griff und mein Kleid hochschob. Dann kniff er mir fest in die Stellen, die besonders empfindlich sind.

Ich versuchte, mich diesem höllischen Schmerz zu entziehen, hatte aber gegen diesen Bengel keine Chance. Schreien konnte ich auch nicht, da er mir bei jedem Mucks sofort den Hals zudrückte.
Plötzlich ließ er mich los und stand auf. Ich zitterte am ganzen Leib und kam nur langsam auf die Beine. Inzwischen hatte er eine Pistole in der Hand und fuchtelte damit vor meinem Gesicht herum. Er erklärte mir, dass er ein großer Krieger sei und ich ihm ab jetzt als Sklavin zu dienen hätte. Ich stand wie gelähmt vor ihm und konnte keinen klaren Gedanken fassen. Was sollte das jetzt hier werden?
Plötzlich fing er an, mich hämisch grinsend von oben bis unten zu betrachten. Er kam wieder näher und hielt mir die Pistole an die Schläfe.
„Und jetzt zieh dich aus", hörte ich seine Stimme wie durch einen Schleier. „Du hast mir zu gehorchen und mir zu Willen zu sein! Also, zieh dich sofort aus!"
Was sollte ich tun? Die Pistole drückte schmerzhaft gegen meinen Kopf. Ich überlegte rasend, wie ich diese Scheiße endlich beenden könnte. Mir fiel aber absolut nichts ein. Ich begann, auf ihn einzureden und erklärte ihm, dass ich doch gar nicht erwachsen genug für ihn sei. Er würde doch bestimmt eine richtige Frau bevorzugen.
„Halt deinen Rand und zieh dich endlich aus!"
Also öffnete ich ganz langsam die Knöpfe meines

Kleides und zog es mir über den Kopf. Nun stand ich da nur mit Strumpfhalterhemd, Stümpfen und Schuhen bekleidet vor ihm. Wieder musterte er mich abschätzend von oben bis unten.
„Leg dich hin und mach die Beine breit, Sklavin!"
Ich legte mich also hin und spreizte meine Beine. Er öffnete währenddessen seine Hose und holte seinen Na-ihr-wisst-schon-wen heraus.
„Ich werde dich jetzt vergewaltigen, damit du begreifst, wer dein Herr und Meister ist."
Ich wusste eigentlich immer noch nicht, was er überhaupt von mir wollte. Er kniete sich zwischen meine Beine.
In dem Moment waren Stimmen von der Gasse her zu hören. Ich fackelte nicht lange und schrie aus Leibeskräften. Mein Widersacher erschrak fürchterlich. Schon kamen ein Mann und zwei Frauen auf die Wiese gestürzt. Der Mann rannte zu uns herüber und knallte meinem Widersacher seine Faust mitten ins Gesicht. Röchelnd ging der zu Boden und lag nun zwischen meinen Beinen. Ein gut platzierter Fußtritt sorgte dafür, dass er von mir wegrollte. Ich war völlig außer mir und schrie wie am Spieß. Eine der Frauen half mir auf die Beine und führte mich nach Haus. Die beiden anderen Erwachsenen blieben an Ort und Stelle.
Muttern und Omma trösteten mich und nach und nach kam ich wieder zu mir. Omma holte noch ein

paar Sahneboldchen hervor und spendierte mir außer der Reihe ein großes Glas Brause. Sahneboldchen sind übrigens Schokoladenkaubonbons.
Von dem bösen Buben habe ich nie wieder was gehört. Er war seitdem verschwunden und stieg auch nicht mehr in den Bus ein. Viele Jahre später habe ich erfahren, dass er eine saftige Tracht Prügel bezogen hatte. Eine zweite war dann noch bei ihm zu Haus über ihn hereingebrochen. Seine Eltern waren so schockiert, dass sie ihren Sohn sofort von der Schule nahmen und schon nach kurzer Zeit in eine andere Gegend zogen. Ich habe nie wieder etwas von ihm gehört.

Dann kam eines Tages Sabine in unser Dorf. Warum, weiß ich nicht mehr. Sabine hatte einen sehr dunklen Teint und war dadurch sofort der Schwarm aller Jungen. Sie hatte allerdings mit diesen wild gewordenen Handfegern nichts im Sinn und so freundeten wir uns schnell an.
Blacky, wie wir alle sie nannten, wollte Höhlenforscherin werden. Ich glaube nicht, dass sie eigentlich wusste, was das war, aber trotzdem war sie von der Sache äußerst angetan. Außerdem klang „Höhlenforscherin“ doch schon irgendwie aufregend. Ich ließ mich von dieser fixen Idee anrühren und so zogen wir nachmittags los, um Höhlen, oder was wir dafür hielten, zu erforschen.

Ich kann mich noch an so einige Szenen erinnern. Ich glaube, es war ein schöner Sommertag, an dem wir mal wieder loszogen. Diesmal wollten wir aber mal richtig forschen. Einige andere Kinder hatten uns ausgelacht.

„Ihr seid die richtigen Höhlenforscher! Zieht los und kommt genau so sauber wieder, wie ihr gegangen seid. Da könnt ihr aber nicht viel geforscht haben."

Na, das wollten wir doch mal sehen, ob wir wirklich nicht in der Lage waren, vernünftig zu forschen.

Ganz in der Nähe unseres Dorfes gab es ein großes Karsthöhlengebiet. „Karsthöhlen" klingt doch schon richtig professionell, nicht wahr? Diesen Ausdruck hatte ich damals mal irgendwo aufgeschnappt und fand ihn sehr wissenschaftlich und dadurch natürlich interessant. Im Grunde genommen sind das nur einfache Kalk- und Gipshöhlen.

Na ja, wie dem auch sei, nach einigem Fußmarsch hatten wir die von uns auserkorene Höhle erreicht. Die schien geradezu darauf gewartet zu haben, von uns nun endlich mal erforscht zu werden. Mit Pechfackeln und Streichhölzern ausgerüstet näherten wir uns dem Eingang. Von weitem sah das alles ja noch ziemlich harmlos aus, jetzt, da wir direkt davor standen, wirkte es doch etwas bedrohlich und mir war etwas mulmig zumute.

Blacky ging es sichtlich auch nicht viel besser. Aber natürlich gab keine von uns beiden der anderen gegenüber ihre Angst zu. Mit zitternden Fingern versuchten wir, die Fackeln zu entzünden. Das war gar nicht so einfach, da das Pech erst eine bestimmte Temperatur erreichen muss, um zu entflammen. Das gestaltete sich dermaßen mühselig, dass wir vermuteten, die Streichhölzer würden gar nicht ausreichen. Dann klappte es doch noch.
Mit hocherhobenen Fackeln betraten wir die Höhle. Ein schwarzer Schlund tat sich wenig einladend vor uns auf und eine muffige Kälte schlug uns entgegen. Sollten wir da wirklich rein?
Vorsichtig tasteten wir uns voran. Die Fackeln beleuchteten die Szenerie äußerst unzureichend und wir mussten uns gewaltig vorsehen, um nicht über die am Boden verstreut liegenden Steine zu stolpern. Stück für Stück wagten wir uns vor. Dauernd tropfte Wasser von der Decke und klatschte auf den Höhlenboden oder eben auf uns. Zack! Wieder ein Tropfen im Gesicht. Nach etlichen Stunden drehte ich mich vorsichtig um, um abzuschätzen, wie weit wir schon gekommen waren.
Ich erschrak ein bisschen, als ich feststellte, dass wir den Höhleneingang noch immer dicht hinter uns hatten. Wir hatten also kaum dreißig Meter geschafft.
Mittlerweile froren wir wie die Schneider. Unsere

Kleider wurden feuchter und feuchter und ich hatte das Gefühl, dass mir trotz der Kälte das Wasser in den Schuhen stand.
„Meinst du nicht, dass wir nun genug geforscht haben?“ fragte ich Blacky.
„Jetzt geht 's doch erst richtig los!“ kam von ihrer Seite.
Allerdings meinte ich von ihr einen ängstlichen Unterton vernommen zu haben. So sicher war sie sich also auch nicht mehr, ob das, was wir hier taten, alles so richtig war.
Wir schritten weiter mutig voran. Dann erspähten wir im trüben Fackelschein etwas Glitzerndes in der Ferne. Man konnte es mehr erahnen als wirklich sehen. Verdutzt blieben wir stehen, setzten uns dann aber wieder in Bewegung. Beim Näherkommen sahen wir, dass es sich um einen Teich handelte, der unser Fackellicht reflektiert hatte. Meine Güte, sah das toll aus!
Wir gingen ganz nahe ran, um besser sehen zu können, und wären um ein Haar ins Wasser gefallen, da das Ufer sehr lehmig und glitschig war. Im letzten Moment konnten wir uns durch einen großen Schritt rückwärts retten. Plötzlich war mir gar nicht mehr kalt. Der Schreck hatte mich aufgeheizt.
In einem respektvollen Bogen umliefen wir den Teich, um auf der anderen Seite noch tiefer in die Höhle vorzudringen. Dann wurde die Höhle, in der

wir bis jetzt ohne Probleme aufrecht hatten gehen können, immer niedriger und enger. Und plötzlich standen wir vor einer Wand aus Stein. Nur ein relativ kleines Loch führte auf die andere Wandseite. Wir hockten uns davor und leuchteten mit den Fackeln hinein. Auf der anderen Seite öffnete sich vor uns ein großer und auch hoher Raum.
Ich konnte nicht mehr hocken und stand auf. Dabei bemerkte ich, dass mein Kleid am unteren Ende nass geworden war. Blacky kniete sich plötzlich in den Lehm und machte Anstalten durch das Loch zu kriechen.
„Bist du verrückt geworden!" entfuhr es mir. „Du willst doch wohl nicht ernsthaft da durch?"
Doch, doch, sie wollte. Ohne auf mich zu hören, kroch sie durch das Loch. Was sollte ich jetzt tun? Hier warten? Auch durchkriechen?
Ein Stein löste sich aus der Decke und klatschte in den Teich. Ich erschrak zu Tode und rutschte Blacky hinterher. Hier wollte ich nicht eine Sekunde allein bleiben. Niemals!
Die lehmige Brühe, durch die ich kroch, war furchtbar kalt. Ich hatte das Gefühl, dass mir jeden Moment Beine und Hände abfrieren müssten. Der untere Teil meines Kleides schleifte durch den Dreck. Endlich konnte ich wieder aufstehen. Ich fühlte mich überhaupt nicht gut. Meine Strümpfe und mein Kleid waren voller Lehm.

Blacky war schon ein Stück voraus und ich beeilte mich, sie einzuholen. Nach einigen Metern endete die Höhle und wir kehrten um.
Wir zitterten am ganzen Leibe und waren wohl auch leicht in Panik und so kam es, dass wir das Wandloch nicht sofort wiederfanden. Jetzt wurde auch Blacky zunehmend unruhig und meinte, dass sie ja Höhlenforschen ganz witzig finden würde. Das würde aber nicht heißen, dass sie jetzt hier in dieser Höhle auch sterben wolle. Wie sollte sie denn sonst Ruhm und Ehre kriegen, wenn sie hier verreckte.
Wir hielten uns in den Armen und schworen uns, hier an diesem grausigen Ort, gemeinsam zu sterben und dann posthum — das hatte ich irgendwo mal gelesen — geehrt werden. Wir malten uns aus, wie der Rest der Welt ein riesiges Denkmal für uns am Höhleneingang errichten würde. War schon spannend, aber dann doch nicht so richtig.
Endlich entdeckten wir doch noch das Loch in der Wand und warfen uns abermals auf die Knie. Das Kriechen war gar nicht so einfach, da jede von uns beiden ja noch eine Fackel in der Hand halten musste. Diese durfte natürlich nicht ins Wasser fallen.
Blacky war schon fast auf der anderen Seite, als sie den Halt verlor und mit der einzigen Stützhand wegrutschte. Sie kullerte auf die Seite und streckte

verzweifelt die Fackel nach oben. Sie rappelte sich auf und schon waren wir drüben.

Endlich konnten wir wieder aufrecht stehen. Aber so toll war das auch nicht, da uns unsere Klamotten schmaddernd am Körper klebten. Zumindest waren meine Strümpfe heil geblieben. Blacky hatte sich bei ihrem Ausrutscher allerdings ein ziemliches Loch geholt.

Außerdem stellten wir mit Schrecken fest, dass unsere Fackeln langsam aber sicher immer kleiner wurden. Also beeilten wir uns und tasteten uns, so schnell wir konnten, um den Teich herum. Gott sei Dank passierte weiter nichts und die Fackeln erloschen erst, als wir den Höhleneingang schon vor uns gut sehen konnten. Das Licht, das uns entgegenströmte, reichte aus, um sicher ins Freie zu gelangen.

Draußen überblickten wir unseren desolaten Zustand. Wir sahen einfach grauenhaft aus. Kleid, Strümpfe und Schuhe waren von oben bis unten mit Lehm verschmiert. Sogar mein Strumpfhalterhemd hatte braune Ränder gekriegt. So konnten wir nicht nach Haus gehen. Wir überlegten, wie das Dorf uns wohl empfangen würde. Würden uns die Leute als exzellente Höhlenforscherinnen feiern oder uns als Banditinnen aus dem Dorf jagen. Ich tippte eher auf die zweite Variante, da selbst unsere Gesichter ziemlich verschmiert waren.

Wir machten uns auf den Heimweg, da wir ja schlecht im Wald bleiben konnten. Oder sollten wir doch lieber gleich eine Räuberbande gründen? Da mir der Magen so langsam in den Kniekehlen hing, verwarf ich den Gedanken an die Räuberbande schnell wieder. So staksten wir vor uns hin. Ja, staksen ist wohl der richtige Ausdruck, da ein normales Gehen nicht mehr möglich war. Der Lehm an und in den Strümpfen fing an, zu trocknen und machte die Strümpfe immer steifer.

Blacky kam auf die glorreiche Idee, wir könnten uns in dem kleinen Bach waschen, den wir auf dem Heimweg passieren mussten. Gesagt, getan. Wir krochen also die kleine Böschung zum Wasser hinunter und rutschten natürlich noch mal kräftig aus. Meine Beine gingen einfach so weg und ich fiel auf den Hintern. Da ich nirgendwo Halt fand, rutschte ich auf das Wasser zu. Dabei schob sich natürlich mein Kleid nach oben und so sauste ich auf meinem nackten Po durch den Dreck. Dieser hatte nichts Besseres zutun, als sich zwischen Rückenhaut und Strumpfhalterhemd zu schieben. War das eine Schweinerei. Jetzt klebte mir der Mist sogar noch am Rücken.

Platsch, standen meine Schuhe im Bach. Ich kam auf die Beine und blieb einfach im Wasser stehen. Nun war das ja auch egal. Ich zog mir mein Kleid über den Kopf und schrubbte es im Bachwasser.

Aber glaubt ihr vielleicht, dass den Dreck das irgendwie beeindruckte? Keineswegs und überhaupt nicht! Er verteilte sich nur noch mehr in dem Stoff. Jetzt war mein schönes gelbes Kleid mit den roten Blümchen nur noch kackbraun.
Scheiße, Scheiße, Scheiße! Es hatte alles keinen Sinn. Ich zog es wieder an. Das war natürlich gar nicht so einfach, da das ehemals schönste Kleid jetzt nicht nur kackbraun, sondern auch noch pitschnass war. Trotz der sommerlichen Wärme schlotterten wir dem Dorf entgegen.
Obwohl, ich muss sagen, unser Einzug im Dorf war phänomenal. Millionen von wissenschaftlich interessierten Leuten säumten die Straßen und gaben uns Spalier. Ein Beifallssturm jagte den nächsten und mir taten vor lauter Händeschütteln die Finger weh. Außerdem war ich ganz taub von den vielen Hochrufen. Wir wurden auf goldene Stühle gesetzt und zum Festanger getragen, wo der Bürgermeister eine flammende Rede ob unseres kühnen Entdeckungsabenteuers hielt. Der Gemeindedirektor verlieh uns eine riesige und bunte Urkunde.
Obendrein prasselte ein Geldregen auf uns hernieder und Muttern konnte uns viele neue Kleider und Goldschmuck und so Sachen kaufen. Zum Abschluss unserer Huldigungsveranstaltung gab es abends noch ein riesengroßes Feuerwerk. Das ganze dörfliche Volk lag uns förmlich zu Füßen.

Leider fand das alles nur in unserer Fantasie statt, aber immerhin, besser als gar nichts.
Das Theater, das unsere Rückkehr auslöste, könnt ihr euch ja bestimmt vorstellen. Meine Güte, waren Muttern:
„Dein schönstes Kleid! Und auch die Strümpfe taugen noch nicht mal mehr als Putzlappen! Kind, diene Schuhe! Was hast du bloß mit deinen Schuhen gemacht?"
und Omma:
„Duo chroster Chott !!!"
(Du großer Gott !!!)
sauer.
Komischerweise interessierte sich kein Mensch für unsere epochale Entdeckerei. Dass wir uns da reingetraut hatten, dass wir einen Glitzerteich für die Menschheit entdeckt hatten, dass wir einen Raum hinter einem Wandloch kolonisiert hatten, das alles interessierte niemanden. Selbst unser Wagemut wurde nicht thematisiert. Statt Ruhm und Ehre gab 's nur ein Paar hinter die Löffel. Nur in der Schule löste unsere Aktion einigen Neid aus. Der konnte die Ohrfeigen und das Geschimpfe allerdings nicht so ganz aufwiegen.

Etwa ein Jahr später kriegten wir einen neuen Chemielehrer. Blacky verliebte sich über beide Ohren in ihn und hatte von nun an nicht mehr viel Zeit für mich, da sie voll damit beschäftigt war, ihn anzuhimmeln und ihm Liebesbriefe zu schreiben, die sie aber nie abschickte.

Na, jedenfalls kam es dann also soweit, dass sie nur noch in meinen Armen hing und sich gar nicht mehr einkriegen konnte vor lauter Tränen. Sie sah die liebe Sonne nicht mehr. Sie sah die schönen Blumen nicht mehr. Sie merkte einfach gar nix mehr.

Dieser Lehrer war ganz nett. Aber ein richtiger Supermann war er nun auch wieder nicht. Was mich aufhorchen ließ war, dass er von einem Mönch namens Schwarz erzählte. Dieser Mensch hatte angeblich das nach ihm benannte Pulver erfunden.

Was das für ein Pulver ist? Na, Schwarzpulver. Das macht ganz laut „bumm", wenn man Feuer dran legt. Also, frau nehme: x Gramm Holzkohle, x Gramm Schwefel, x Gramm ...

Ja, das möchtet ihr wohl wissen, was? Nee, nee, das darf ich euch nicht verraten, sonst macht ihr noch Unsinn damit. Wir waren damals ja schon sehr erwachsen und konnten damit ohne Probleme umgehen. Hahaha!

Wir besorgten uns also die Zutaten und mischten alles zusammen. Versucht es erst gar nicht! Die Zutaten kriegt ihr heutzutage nicht mehr zu kaufen. Da hat die Regierung schon lange einen Riegel vorgeschoben. Damals war das noch alles kein Problem. Aber, ob das nun wirklich besser war, sei da-

hingestellt. Es war in jedem Fall saumäßig gefährlich. Das sahen wir damals natürlich anders.
Wir stopften erst mal eine Streichholzschachtel mit dem schwarzen Pulver voll und zündeten die Pappe von außen an. Langsam fraßen sich die Flammen durch die Schachtel. Plötzlich zischte es wie verrückt. Es qualmte und war ganz grell. Mehr passierte allerdings nicht. Wir haben uns trotzdem ziemlich verjagt und waren der festen Meinung, dass das ganze Dorf das nun mitgekriegt haben musste. So ein lautes Zischen war ja wohl kaum zu überhören. Aber wir hatten Glück. Kein Mensch hatte was gehört. Blacky ging daraufhin ganz scheinheilig zu ihrem Schönlinglehrer und fragte, wie es denn sein könne, dass man mit dem Pulver in den Bergwerken sprengen könnte, wenn das doch nur „Zisch" machte. Ihr Schönlinglehrer erklärte ihr, dass es da ein kleines Geheimnis gäbe. Man müsste das Schwarzpulver ganz fest zusammenpressen. Dann würde es seine wahre Sprengkraft entwickeln und auch entfesseln.
Und wie das Zeug entfesselte. Eine winzig kleine Schuhcremedose reichte aus, um einen furchtbaren Knall auszulösen. Wir hatten einfach mit Hammer und Nagel ein Loch in die Dose gehauen, diese dann mit Schwarzpulver aufgefüllt und einen Kerzendocht in das Loch gesteckt.
Danach hatten wir die Dose mit zur Flussbrücke ge-

nommen und dort auf einen Pfosten des Brückengeländers gelegt. Schnell brannte die „Lunte" und schnell war sie wieder aus. Ich weiß nicht mehr, wie viele Anläufe wir brauchten, wie oft wir die Dose, sprich den Docht, aus dem Wind gedreht haben, bis sich endlich eine kleine Flamme der Dose näherte?
Da wir über die Sprenggewalt dieses Pulvers nichts wussten, gingen wir hinter einem Baum in Deckung. Lange geschah gar nichts. Dann folgte ein lautes Zischen und dann eine heftige Detonation, die uns ziemlich erschrecken ließ. Erschrecken ist eigentlich nicht das richtige Wort. Wir zuckten regelrecht zusammen.
Von der Dose war nichts mehr zu sehen. Von der oberen Hälfte des Geländerpfostens allerdings auch nichts mehr. Oh, oh, ob das so alles richtig war? Ein paar Tage später erzählte ein Nachbar, dass bei dem letzten schweren Gewitter ein Blitz wohl in den Brückengeländerpfosten eingeschlagen sein musste. Er hätte festgestellt, dass die obere Hälfte fehlte. Wir nahmen seine Aussage unkommentiert zur Kenntnis und gnickerten in uns rein. Wenn der wüsste …
Als nächstes wollten wir mal was anderes ausprobieren. Wieder wurde eine Dose präpariert. Diesmal waren wir mit dem Mädchen verabredet, deren Wäsche ich mal waschen musste, weil mir ein Eisenreifen abhanden gekommen war. Ihr könnt euch si-

cher noch erinnern.
Isolde kam auf die wirklich einmalige Idee, eine Gartenkarre umzudrehen. Sie hatte Angst, dass ihre Mutter ihr welche an die Ohren hauen würde, wenn wir mal wieder nichts als Blödsinn im Kopf hätten. Sie war der irrigen Auffassung, dass die umgedrehte Karre den Knall etwas dämpfen würde. Ich hatte nach dem Erlebnis mit dem Geländerpfosten so meine Zweifel, sagte aber nichts, um sie nicht noch mehr zu ängstigen.
Ich legte also die Dose an die Erde. Blacky und Isolde hoben die auf dem Kopf liegende Karre etwas an und ich konnte den Docht leicht entzünden. Blacky und ich rannten wie von Furien gehetzt davon. Isolde konnte unsere Hast gar nicht verstehen, blieb neben der Karre stehen und harrte der Dinge, die da kommen mochten.
Blacky und ich waren hinter das Haus gelaufen und linsten um die Ecke. Ich schrie Isolde zu, sie solle sich schnellstens aus dem Staube machen. Sie drehte sich auch in unsere Richtung und lief los. Die Hausecke erreichte sie allerdings nicht mehr. Als sie etwa zwei Drittel der Strecke hinter sich gelassen hatte, gab es den uns ja schon bekannten Zischlaut mit der anschließenden Detonation.
Die Karre dämpfte den Krach nicht ein Stück. Ganz im Gegenteil schien sie den Explosionsbums sogar noch zu verstärken. So laut hatte das am Brücken-

geländer nicht geknallt.
Die Karre flog einfach so mir nichts, dir nichts hoch in die Luft, drehte sich dort mehrmals um die eigene Achse und fiel zur Erde zurück. Die Schwerkraft machte es möglich, dass sie auf dem Weg zurück zum Boden enorm Fahrt aufnahm und somit immer schneller hinabstürzte.
Das wäre ja alles halb so wild gewesen, hätte nicht die frisch gewaschene Bettwäsche, die mal wieder gerade jetzt ganz zufällig auf der Wäscheleine ihr langweiliges Leben fristete, sich eingebildet, sie könne die herabfallende Karre auffangen und in ihre Arme schließen. Da hatte sich die Wäsche aber stark überschätzt. Die Karre nahm kaum Notiz von ihr und riss sie einfach mit sich zu Boden. Die Leinen wurden dadurch so sehr gespannt, dass auch noch zwei Wäscheleinenspannpfähle mit umkippten.
Alles Weitere erspare ich mir jetzt. Ihr könnt euch sicher denken, wer an diesem Wochenende mal wieder zum Wäschewaschnotdienst eingeteilt wurde.
Wer nun glaubt, dass wir eine Lehre aus dieser Geschichte gezogen hätten, liegt ganz leicht daneben. Natürlich ließen wir bis zum nächsten „Bum" erst mal einige Zeit verstreichen. Frau durfte es ja nicht übertreiben. Und außerdem wartete ich immer gern ab, bis sich meine blauen Flecken einigermaßen ver-

zogen hatten. Zweimal auf dieselbe Stelle geschlagen zu werden, ist äußerst schmerzhaft.

Dann hatte Blacky die grandiose Idee, mal etwas wirklich Großes zu bewegen. Also überlegten wir, was denn wirklich groß war. Nach längerem Nachdenken entschlossen wir uns spontan dazu, dass wir noch eine Weile über unser Problem nachdenken wollten.
Wir packten etwas Suppe, einige gekochte Eier und ein paar Scheiben Brot in einen alten Wehrmachtsrucksack, der Blacky irgendwann mal irgendwo zugelaufen war, und machten uns auf den Weg. Um etwas wirklich Großes bewegen zu können, musste frau in die weite Welt hinausziehen. Woher wir diese Binsenweisheit hatten, weiß ich heute nicht mehr, aber damals war das eben so und Schluss!
Blacky meinte, dass es am Besten für uns sei, direkt über den nächsten Berg zu stiefeln. Das wäre eine erhebliche Abkürzung und wir würden unser Ziel schneller erreichen. Jetzt hatten wir ein Problem. Wie konnten wir so etwas wie einen Weg abkürzen, wenn wir nicht mal wussten, was auf der anderen Seite des Berges lag. Aber über solche kleinlichen Spitzfindigkeiten wollten wir jetzt nun wirklich nicht nachdenken.
Wir schwitzten wie die Affen und ließen uns an einem kleinen Bach nieder. Hier wollten wir rasten

und ruhen und überlegen, was wir unternehmen konnten, um endlich etwas Großes zu bewegen.
Ehrlich gesagt, mir fiel nix ein. Das konnte ich ja aber schlecht zugeben. Wie hätte ich denn vor Blacky da gestanden? Ihr ging das aber glaube ich ebenso und so sinnierten wir laut vor uns hin, vergruben uns in Hirngespinsten und redeten daher wie die Dorftrottel.
Wenn wir den Berg überschritten hätten und ins Tal hinab sehen könnten, was würde uns dort erwarten? Keine Ahnung, wir wussten es nicht, da wir noch nie zuvor über den Berg hinweg geguckt hatten. Wenn wir nun mal, nur rein theoretisch natürlich, mal annahmen, dass dort drüben das Land lag, in dem wir was wirklich Großes bewegen konnten, was war eigentlich dieses Große? Mussten wir ein gefährliches Abenteuer bestehen? Mussten wir eine Erfindung machen, die die Welt eigentlich nicht brauchte? War es dann das Große, dass wir die Menschen trotzdem davon überzeugen mussten?
Sollten wir den Leuten wirklich weismachen, dass unsere nichtsnutzige Erfindung doch gar nicht so nichtsnutzig war? War „weismachen" wirklich das richtige Wort für so eine dolle Sache oder sollten wir lieber das Wort „einreden" verwenden? Fragen über Fragen, die uns im ersten Moment, wenn sie sich in unsere Hirne schoben, als äußerst wichtig erschienen, nach längerem Nachdenken aber wieder

viel von ihrer zuvor angenommenen Wichtigkeit verloren.
So saßen wir also an diesem schönen Bach und wussten eigentlich nichts, wollten aber nicht aufgeben, bevor wir nicht etwas wirklich Großes bewegt hatten.
Nachdem die heiße Suppe – übrigens das richtige Essen bei der Affenhitze – und die Eier und so verzehrt waren und wir uns noch einen labenden Schluck des herrlich klaren und wohlschmeckenden Wassers einverleibt hatten, kamen wir zu dem Entschluss, dass wir bis jetzt noch nicht viel weiter gekommen waren.
Einige Stunden waren inzwischen verstrichen und eigentlich hatten wir bei dem Wetter nicht mehr so richtig Lust, auch noch den Rest des Berges zu erklimmen. Ja, ja, man sollte seine Reise nie vorzeitig unterbrechen und sich irgendwo niederlassen. Dann kommt man nicht mehr auf die Beine und die Zeit verfliegt und irgendwann stellt man fest, dass es doch wohl die beste Lösung gewesen wäre, man wäre einfach zu Haus geblieben.
So ähnlich ging es uns jetzt auch. Keine von uns beiden mochte diese wahnwitzige Erkenntnis allerdings vor der anderen zugeben.
Dann kam mir die rettende, allerdings auch ziemlich unlogische Idee, dass, wenn wir jetzt noch etwas Großes bewegen wollten, wir bald damit anfan-

gen müssten, da uns sonst die Zeit davon laufen würde. Der Tag neigte sich zusehends seinem Ende entgegen. Nicht, dass es schon richtig dunkel war, nein, so schlimm war es noch nicht, aber den mittleren Nachmittag hatten wir denn nun doch schon hinter uns.

Als ich meinen Blick so durch die Gegend schweifen ließ, fiel mir ein großer Stein auf, der an einem Hang auf einer Wiese lag. Dieser Stein erregte irgendwie meine Aufmerksamkeit. Er war ziemlich groß und länglich, also nicht wirklich rund, eher oval. Na, ja so ähnlich jedenfalls. Und dann blitzte es in meinem Kopf. Na, klar, das war das Große, was wir bewegen konnten.

Ich stand auf, nahm unsere Sachen auf und ging in Richtung des Steines davon. Blacky folgte mir etwas verwundert.

Als ich am Stein angekommen war, holte ich unsere Waffe hervor, grub mit den Händen ein kleines Loch in die Erde unter dem Stein und tat sie hinein. Ich schaute mich mehrmals um, konnte aber keine wirkliche Bedrohung für unser Leben durch marodierende Banden oder Tomahawk schwingende Indianerhorden ausmachen. Also entschloss ich mich, unsere Waffe zu opfern.

Unsere Waffe war eigentlich keine richtige Waffe, aber wir fühlten uns sicher, wenn wir sie dabei hatten. Sie bestand aus einer Konservendose, randvoll

mit Schwarzpulver. Wenn wir geahnt hätten, welch verheerende Wirkung so eine kleine Dose erzeugen konnte, wären wir mit Sicherheit wesentlich vorsichtiger mit ihr umgegangen.
Nun war die Waffe unter dem Stein platziert. Ich sah mich nach einer Deckung für uns beide um und als ich eine solche entdeckte, entzündete ich die Lunte. Mühsam fing der blöde Docht Feuer. Nach dem siebenundachtzigsten Streichholz war es soweit und wir stürmten den Berg hinauf, um uns in eine kleine Senke zu werfen.
Die Explosion, die dann folgte, ließ uns die Haare zu Berge stehen.
Nur langsam trauten wir uns an den Rand der Senke vor. Dann sahen wir nach unten und konnten im ersten Moment gar nichts erkennen. Die Wiese war noch da und auch das Dorf am Horizont war noch gut zu erkennen. Jetzt stiegen wir hinunter und näherten uns dem Stein. Irgendwie sah der aber anders aus als vorher. Was wir sofort feststellen konnten war, dass er wesentlich an Masse verloren hatte. Wo war der Rest geblieben?
„Den hat es wohl zerlegt. Der konnte der gewaltigen Energie von uns beiden nicht Stand halten", meinte Blacky.
Jetzt entdeckte ich weiter unten etwas Graues, das mir vorher noch gar nicht aufgefallen war. Ich trabte den Berg hinunter und stand plötzlich vor einem

großen Stein. Da auch eine ziemlich tiefe Bremsspur zu sehen war, vermutete ich, dass das wohl ein Teil des Steines sein musste, den wir oben mit unserer Waffe bedroht hatten.
Als ich mich umsah, stellte ich fest, dass der Stein jetzt nicht mehr so richtig günstig lag. Der Bauer, dem diese Wiese gehörte, fühlte sich bestimmt durch den Stein gestört. Wir versuchten zwar, den Stein weiter nach unten zu wälzen, gaben aber schnell wieder auf, da sich das gute Stück nicht einen Millimeter bewegen ließ. Also taten wir das einzig Richtige und ließen ihn liegen.
Über den lauten Knall machten wir uns keine großen Sorgen. In der Nähe unseres Dorfes knallte es öfter mal, wenn neben dem Gipswerk der Kalk aus dem Berg gesprengt wurde. Da wir nun alles Menschenmögliche getan hatten, um für Recht und Ordnung zu sorgen, trollten wir uns in Richtung Heimat davon.
Schnell erreichten wir den Hauptfeldweg, der zum Dorf führte. Dabei kamen wir an einer alten Schutzhütte für Kühe vorbei. Jedenfalls konnten wir uns noch gut an diese Hütte erinnern. Als wir vor Stunden den Berg erklommen hatten, stand sie da noch in höchster Vollendung. Jetzt sah sie aber irgendwie stark verändert aus. Wenn man richtig hinsah, konnte man sogar von einem Totalschaden reden. Das mussten wir uns jetzt aber mal genauer anse-

hen.
Wir kletterten durch den Holzzaun und näherten uns den Hüttenresten. Vor dem ehemaligen Eingang war ein tiefer Abdruck zu sehen. Von diesem Abdruck aus führte eine breite Spur bis zu den Trümmern. Dann verlor sich diese zwischen den herumliegenden Balken, Brettern und Ziegeln. Hinter der ehemaligen Hütte setzte sich die Spur fort. Da es dort ziemlich steil bergab ging, konnten wir das Ende der Spur aber nicht mehr sehen.
Mir schwante Fürchterliches. Ich stieg über die Trümmer und folgte der Spur. Und richtig, unten im Tal schimmerte wieder etwas Graues zu mir herauf. Wir konnten jetzt ehrlich stolz sein. Nun hatten wir wirklich etwas Großes bewegt. Mit eingezogenen Köpfen zogen wir von dannen.
Zwei Tage später begegneten wir einem Jungen aus dem Nachbardorf. Der ist geistig behindert und quatscht ab und zu dummes Zeug. Wir haben uns nie lange mit ihm aufgehalten.
Diesmal erzählte er uns allerdings eine tolle Geschichte.
„Ia wiss doch, dass mei Papa da obe große Wiese hat. Un da hats gestern gedonnert und geblitzt. Un da sin alle Kühe von mei Papa, alle aufem Mal ham se versucht, inne Hütte zu komm, damit se nich vom Blitz troffen wern und da isse einkracht."
Mehrmals berichtete er uns von dem Gewitter und

den Kühen. Immer wieder ermunterten wir ihn, die Geschichte zu wiederholen. Wir konnten sie gar nicht oft genug hören. Da hatten wir wahrlich echtes Schwein gehabt. Und nach ein paar Tagen kam mir die Geschichte von mehreren Seiten zu Ohren.
„Hes all hört? Doa is däi Blitz inne Kauhütten inschlogn. Hes all hört? Däi Kaije sin ut Angest vur dat Jewitter ol inne Hütten jeplestert un häbbet dobie dat ole Dingen ümmeretten."
(Hast du schon gehört? Da ist ein Blitz in die Kuhhütte eingeschlagen. Hast du schon gehört? Die Kühe sind aus Angst vor dem Gewitter alle in die Hütte gelaufen und haben das alte Ding umgerissen.)
Mehrere Versionen dieses Krimis wanderten im Dorf rauf und runter. Die wahre Geschichte war Gott sei Dank nicht dabei.
Aber das Ganze hatte dann doch eine winzige Änderung zur Folge. Wir hatten das erste Mal erlebt, welche Wucht hinter dem schwarzen Pulver saß, wie gefährlich unsere Experimente waren. Man stelle sich nur mal vor, der Stein hätte auf seiner Bahn um die Erde einen Menschen oder noch schlimmer ein Tier am Arm getroffen. Der Arm hätte ab sein können. Zumindest hatten wir beschlossen, erstmal eine Pause einzulegen. Wir wollten es eben nicht übertreiben.

War die Schule mir anfangs noch sehr leicht gefallen, so wurde der Unterricht mit der Zeit immer anspruchsvoller. Dadurch blieben unsere Exkursionen zusehends aus. Im Grunde genommen machte mir die Schule jetzt viel mehr Spaß, da ich endlich mal gefordert wurde. Der vorherige Stoff war mir eigentlich zu leicht gewesen und, anstatt mitzuarbeiten, träumte ich oft im Unterricht vor mich hin. Ich sah keine Notwendigkeit im Mitarbeiten, da ich trotzdem gut mitkam und eine der Besten in der Klasse war.
Am allerbesten fand ich unsere Englischlehrerin. Die war noch streng und vom alten Schlag. Da mussten wir wirklich was tun. Die ging rigoros vor und in der Klasse herrschte Ruhe. Einige murrten zwar, ich aber fand das toll. Endlich ging es mal voran. Zwei oder drei Lehrer gingen auch noch, aber den Rest konnte man einfach nur abhaken.
Unsere Französischlehrerin war dauernd krank. Erst hieß es, sie kriegt ein Kind. Dann hieß es wieder, nun doch nicht. Dann wieder doch oder doch nicht? So ging das hin und her und der Unterricht fiel dauernd aus. Das vermieste mir die Lust total an dieser unmöglichen Sprache. Ich höre noch meine Mutter reden:
„Mach bloß Französisch mit. Das hört sich immer so gut an."
Na klar, hörte sich das gut an. Meine Mutter war da

eine richtige Expertin, da sie jeden Tag mit Millionen von Franzosen zutun hatte. Ich fand diese Sprache nur einfach blöd und viel zu kompliziert für mich. Das Englische war dagegen ein Klacks.

Ja, und dann war da noch unser Klassenlehrer. Bei dem hatten wir Mathe, Geo und Sport. Da ich leider keine gute Leichtathletin bin, hatte ich natürlich auch in den anderen beiden Fächern schlechte Karten. Er war mal irgendein Meister im Hoch- oder Weitsprung gewesen und stellte an uns die haarsträubendsten Anforderungen.

Ich hatte ja nix gegen Völkerball oder so was, aber das Rennen über einige Kilometer durch die Gegend sah ich nicht so recht ein. Ich meine, wenn es mal vorkommt, dass jemand von einem großen Hund, einem gehörnten Ehemann oder einem Elefanten verfolgt wird, ja, dann sehe ich ein, dass man mal – auch über eine größere Distanz – schnell rennen muss. Aber so aus lauter Schandudel und nur weil es unser KL (das wird Kaaell gesprochen und heißt Klassenlehrer) so will? Nee, nee, das leuchtete mir absolut nicht ein.

Ich tat trotzdem mein Bestes. Allerdings reichten meine Leistungen nie für eine Urkunde bei den Bundesjugendspielen aus. So entstand dann unser Looser-Club. In dem waren alle Mädchen „organisiert", die nicht in der Lage waren, eine solch heiß begehrte Urkunde zu ergattern. Sollten sich doch

die anderen diesen Wisch ins Klo hängen. Wir waren auf so ein Papier jedenfalls überhaupt nicht angewiesen. Nein, wo denkt ihr hin? Wir, und neidisch? Niemals!!! Na ja, vielleicht doch ein kleines bisschen, aber nur ein klitzekleines.
Irgendwann nahm ich mal all meinen Mut zusammen und fragte unseren KL, ob ihm nicht auch manchmal auffallen würde, dass die Urkundenlosen auch in den anderen beiden Fächern schlechter als der Durchschnitt seien.
Antwort: „Erstens ist das nicht so und zweitens, wenn es denn so wäre, käme das davon, dass nur in einem gesunden, durchtrainierten Körper auch ein gesunder wacher Geist wohnen könnte."
Den Kommentar dazu lasse ich hier weg!
Das Ergebnis, das daraus resultierte war, dass ich irgendwann meine Mühen einstellte und dadurch ins Mittelfeld der Klasse abrutschte.

In Bio und Deutsch wurden wir von einem alten Frontschwein unterrichtet. Er war sehr nett und erzählte uns viele interessante Episoden aus seinem Kriegstagebuch. Er konnte seine Geschichten dermaßen fesselnd erzählen, dass wir wie gebannt da saßen und all seine Abenteuer vor unseren inneren Augen miterlebten. Manchmal kam er so ins Schwärmen, dass wir von der Pausenglocke geweckt wurden und uns wunderten, wie schnell

doch die Stunde vergangen war.
Er erschrak dann ebenfalls und meinte:
„Den Stoff müssen wir aber in der nächsten Stunde nachholen. So kommt ihr mir nicht davon. Ihr meint wohl, ich hätte eure Taktik nicht durchschaut. Ihr fragt mich nach dem Krieg, ich erzähle und erzähle und schon ist die Stunde rum, ohne dass wir den Biologiestoff abgehandelt haben, und ihr könnt euch vor den Bienchen und Blümchen drücken. Nee, nee, so haben wir nicht gewettet."
Meistens war es dann auch so, wie er sagte. Die nächsten Stunden wurden mit dem Pressen von Blättern oder der Anatomie der Schmetterlinge verbracht. Aber irgendwann, wenn er nicht mehr damit rechnete, schlugen wir wieder gnadenlos zu, verwickelten ihn in ein Gespräch, das sich immer mehr in Richtung Krieg bewegte und dann hatten wir ihn mal wieder so weit.
Es gab bestimmt eine Gänseblümchenart, die auch in Russland wuchs, denn Russland war sein Lieblingsthema. Russland war groß und weit und kalt und schön und schrecklich und erbarmungslos und voller schönster Natur und voller schönster und seltenster und edelster Tiere. Und erst die Fische im Baikalsee! So was Schönes!!!
In Deutsch hatten wir leider nicht so viel Glück mit ihm. Auch in dem Fach war er ein wirklich guter Lehrer, ließ sich aber niemals vom Thema ablenken.

Dienst ist Dienst und Schnaps ist Schnaps. Und so lernten wir den Unterschied zwischen Deklination, Plusquamperfekt und lokaler adverbialer Bestimmung kennen. Dann wurde noch der „von Ribbeck" auswendig gelernt und schon war wieder ein Schuljahr rum.

Unser Geschichtslehrer war ein ganz Harter. Als kleiner Giftzwerg zur Welt gekommen, auch später nicht mehr viel gewachsen, brachte er uns Mädchen doch einiges von seinem Frust näher. Als wir etwas älter wurden und anfingen, ihn zu überragen, war der Ofen gänzlich aus. Er brüllte nur noch herum und verteilte seine Stockschläge mit der Weidenrute, die sich eigentlich auf einen ruhigen Lebensabend als Zeigestock gefreut hatte.
Damit war es leider nicht weit her. Das mit dem ruhigen Lebensabend konnte die Rute schnell vergessen. Täglich musste sie sich für die übelsten Prügeleien hergeben und eines Tages hauchte sie dann ihr kurzes Leben an der Kante des Lehrertisches aus.
Er hatte mal wieder die Beherrschung verloren und wie wild auf seinen armen Tisch eingeprügelt. So hatten die beiden – also der Tisch und die Rute – angefangen, sich zu messen. Ich weiß nicht, ob sich die Rute wirklich Chancen ausgerechnet hatte, aber wie dem auch sei, sie war unterlegen und in zwei zerfledderte Teile zerbrochen. Giftzwerg dankte ihr

ihr aufopferungsvolles Verhalten nicht und warf sie achtlos in den Mülleimer. Hatte die arme Rute so eine Behandlung wirklich verdient?
Aber all unser Frohlocken über das schmähliche Ende unserer Peinigerin konnte leider nicht verhindern, dass er am nächsten Tag einen neuen Prügel anschleppte. Diesmal handelte es sich um einen Bambusstab. Er ließ ihn vor unseren Augen mehrfach durch die Luft zischen, um uns zu zeigen, was demnächst auf uns zukommen sollte.
Dem armen Bambusstab war allerdings ein noch kürzeres Leben als der Weidenrute beschieden. Er war lange nicht so widerstandsfähig und löste sich schon nach einigen wenigen Attacken in seine einzelnen Fasern auf. Giftzwerg konnte damit noch so weit ausholen, der Schlag tat fast gar nicht mehr weh, da nicht ein einziges hartes Holzstück auf uns herniederzischte, sondern mehrere dünnere Bambusfasern. Haha, da hatte sich Giftzwerg aber selbst eins reingewürgt.
An einem Montag war es dann soweit. Giftzwerg brachte eine neue Weidenrute mit und aus war es mit der schönen Zeit.

Bei drei, drei, drei gab es irgendeine Keilerei. Und im Jahre des Herrn 714 wurde Pippin der Kurze geboren. Der hatte irgendwas mit Karl Martell zu tun oder so. So lernten wir die unsinnigsten Daten und

die unaussprechlichsten Namen auswendig, nur um sie nach der nächsten Klassenarbeit schnellstmöglich wieder zu vergessen.
Auch die Dampfmaschine in Physik und die Periodentafeln in Chemie waren ganz interessant, aber doch nicht so richtig abendfüllend. Ich hörte mir das gern mal an, erschrak auch einmal ziemlich, als unser Chemieheini etwas explodieren ließ, war aber dann doch nicht immer so richtig bei der Sache. Mir fehlte einfach der Pep im Unterricht. Ich wusste zwar eigentlich nicht so recht, welchen der vielen Peps ich am meisten vermisste, aber nachdenken tat ich auch nicht darüber.
Von Jahr zu Jahr brummten uns diese Blödis immer mehr Schularbeiten auf. So blieb kaum noch Zeit für die wirklich wichtigen Dinge des Lebens. Wir wollten was erleben, Erfahrungen sammeln. Meistens blieb es aber dann doch beim Sammeln von trockenen Blättern, beim Schreiben von Aufsätzen – „Erkläre den Unterschied zwischen dem Angriff der Hunnen auf Westeuropa und der Schlacht im Teutoburger Wald im Jahre neun nach Chr. Beschreibe den Geisteszustand von Friedrich von Schiller, als er die Bürgschaft niederschrieb" – und beim Rechnen mit Sinus und Kosinus.

Bei uns im Dorf war eigentlich nicht viel los. Dann aber nahte der Tag, an dem Onkel Herwig uns be-

suchen wollte. Onkel Herwig und seine Frau Elli waren auf wundersame Weise mit uns verwandt. Ich muss allerdings gestehen, dass ich bis heute nicht genau weiß, wie. Dieses Unwissen machte mir damals aber nichts aus und so freute ich mich immer, wenn die beiden anreisten.
Tante Elli war zwar äußerst gebildet, aber nicht sehr gesprächig. Onkel Herwig dagegen war nicht nur äußerst mitteilsam, sondern auch ein sehr guter Schauspieler. Er hatte es wirklich drauf, uns Kinder immer wieder zu faszinieren. Wenn er uns Geschichten erzählte, lauschten wir ganz gespannt seinen Ausführungen. Dass alle seine Storys erstunken und erlogen waren, störte uns nicht im Geringsten.
Er erzählte nicht nur, sondern suchte auch zur Geschichte passende Orte mit uns auf. So stiegen wir mit einer Kerze bewaffnet auf den schrecklich dunklen Dachboden, holten uns alte Kisten herbei, setzten uns und lauschten seinen Seeräuber- oder Waldgeistergeschichten.
Er konnte so blumig erzählen, dass ich immer mitten in seinem Film war und alle Abenteuer miterlebte. Da es da oben ziemlich kühl und teilweise auch ein wenig windig war, konnte man die sssteife Brise, die das Seeräuberschiff hin- und her schleuderte, gut nachspüren.
Eigentlich sollten das „Gute-Nacht-Geschichten" sein. Allerdings war ich am Ende der Story immer

so aufgeregt, dass ich erst mal überhaupt nicht einschlafen konnte.
Manchmal kamen die beiden auch mal für ein paar Tage. Dann unternahmen die immer was mit uns. Einmal lud Onkel Herwig Bretter, Nägel, Säge, Zange und Hammer auf unsere grüne Gartenkarre und wir zogen los ins Feld. Etwa drei Kilometer vom Dorf entfernt lag zwischen zwei Wiesen ein kleines Wäldchen, in dem neben vielen anderen Bäumen auch eine uralte riesige Linde stand. Ich war früher schon ab und zu mal dort gewesen und in ihr herumgeklettert. Das hatte ich Onkel Herwig natürlich erzählt und so zogen wir gemeinsam los, um dort ein Baumhaus zu errichten.
Der Kletterbaum, wie er in unserem Dorf genannt wurde, lud praktisch schon von weitem zum Klettern ein. So stiegen wir also in seinen gewaltigen Ästen empor und befestigten Querstreben in einigen Astgabeln. Darüber wurden anschließend die Bretter genagelt. Onkel Herwig schlug keinen einzigen Nagel in den Baum selbst, da man das erstens nicht machte und zweitens würde sonst beim nächsten Sturm das Baumhaus herunterfallen.
Die Querstreben standen so weit über, dass die Äste sich im Wind bewegen konnten, ohne behindert zu werden. Nach getaner Arbeit hockten wir also nun da oben in schwindelnder Höhe und verspeisten unsere mitgebrachten Wurstbrote. Onkel Herwig

hatte eine echte Feldflasche dabei, aus der die Limo natürlich noch mal so gut schmeckte.
Ab und zu bin ich dann immer mal wieder zum Kletterbaum marschiert und habe die tolle Aussicht genossen. In der Nähe gluckerte eine winzige Quelle aus der Erde. Deren Wasser war herrlich kühl und schmeckte ganz hervorragend. Dafür ließ ich jede Limo stehen.
Diese Quelle speiste einen kleinen Bach, der dann größer werdend, schließlich nach zig Windungen in unserem Fluss mündete. Manchmal warf ich Blätter hinein und verfolgte sie, solange ich konnte. Bis zum Fluss kam ich allerdings nie, da der Bach ab und zu eingezäunte Wiesen mit Vieh darauf kreuzte und da konnte ich nicht hinterher. Ich war einmal mit meinem Kleid im Stacheldraht hängen geblieben und hatte über eine halbe Stunde gebraucht, um mich wieder zu befreien. Das konnte ich mir nicht so oft erlauben. So viele Kleider besaß ich damals noch nicht, um ständig ein neues anziehen zu können.
Dieser verdammte Stacheldraht war wirklich ein sehr tückisches Gebilde. Erst geriet man nur ein kleines bisschen hinein. Wenn man aber versuchte, sich daraus zu befreien, saß man umso fester fest. Hatte ich auf der einen Seite mein Kleid von den Stacheln befreit, hatten sich auf der anderen Seite andere Stacheln hineingeschlichen. Hatte ich diese

entfernt, saß ich wieder auf der ersten Seite fest. Passte ich nicht höllisch auf, stach ich mir diese blöden Dinger auch noch in die Finger. Also bloß nicht in Panik geraten.

Ganz blöd war es, wenn sich Bullen in der Weide aufhielten. Dann konnte man echt in Stress kommen. Die waren meistens nicht so gut aufgelegt und kamen oft schnaubend näher. Vor den Viechern hatte ich einen Heidenrespekt, da ich mal miterlebt hatte, wie so ein Urvieh unseren Nachbarn auf die Hörner genommen und wie einen alten Waschlappen quer über den Hof geschleudert hatte. Und unser Nachbar war wahrlich kein Schwächling. Gegen so ein Monster hatte selbst der stärkste Mann nicht die geringste Chance.

Also folgte ich dem Bach immer nur bis zum Zaun, rannte dann um die Wiese herum und versuchte das Blatt wieder einzuholen. Manchmal gelang es mir, manchmal nicht. Gerade im Frühjahr, während oder nach der Schneeschmelze, hatte das Wasser dermaßen Fahrt drauf, dass ich es nicht schaffte, ihm über Stock und Stein zu folgen, ohne einen Bauchklatscher ins Wasser oder in die Büsche zu riskieren. Im Spätsommer schaffte ich es manchmal. Leider floss der Bach unter etlichen kleinen Brücken hindurch und dort bestand immer die Gefahr, dass sich die Blätter irgendwo verfingen und dann auf der anderen Seite der Brücke nicht mehr hervorka-

men.
Manchmal, wenn ganz viel Schnee gelegen hatte, kroch der Bach auch mal aus seinem angestammten Bett heraus und überflutete einige Wiesen. So entstanden kleine Seen, die für uns Kinder natürlich immer interessant waren. Dort ließen wir gern selbst gebastelte Papierschiffchen oder kleine Brettchen mit Taschentuchsegeln fahren.
Einmal hatte ich einen Bauchklatscher gemacht. Mein Brettchen mit Taschentuchsegel wollte nicht so recht wie ich wollte und lief in dem flachen Wasser mehrfach auf Grund. Tiefer und tiefer ging ich hinein, um dem Brettchen immer wieder einen kleinen Stoß mit dem Fuß zu versetzen. Das klappte auch anfangs sehr gut, dann allerdings rannte ich in eine kleine Katastrophe.
Als ich mal wieder das Brettchen anschubsen wollte, strauchelte ich etwas und versuchte mich abzufangen. Plötzlich war eines meiner Beine bis zum Oberschenkel im Wasser verschwunden. Ich war in ein Zaunpfahlloch getreten. Das war natürlich das Ende meiner Trockenheit. Klatsch! Und schon lag ich lang im Wasser.
So richtig tief war das da nicht. Ich hätte mich schon sehr anstrengen müssen, um abzusaufen. Trotzdem reichte es für eine Ganzkörperbefeuchtung locker aus. Da das Wasser wesentlich davon entfernt war, Zimmertemperatur zu haben, musste ich doch ein

paar Mal tief durchatmen. Prustend kam ich auf die Füße. Das eiskalte Wasser tropfte mir aus Kleidung, Haaren und sonst woher und ich fühlte mich nicht mehr so richtig wohl hier draußen im Feld.
Also ließ ich Brettchen, Brettchen sein und marschierte unter dem Hohngelächter der blöden Jungen in Richtung Heimat davon. Auf halbem Wege fiel mir siedend heiß ein, dass das mit dem Taschentuch gar nicht so gut war. Omma hatte ich das Ding stibitzt und ihr natürlich nix davon gesagt.
Also drehte ich schlotternd um, rannte zur nassen Wiese zurück, stürzte mich mutig in die dreißig Zentimeter tiefen Fluten und rettete Ommas Taschentuch vor dem endgültigen Untergang.
Dabei schlug ich dann noch mal lang hin und schlitterte über einen alten schlammigen Maulwurfshügel. Auch den hatte die Flut überrascht und ihm keine Zeit gelassen sich zurückzuziehen. Jetzt war ich nicht nur aufs Neue nass, sondern sah obendrein auch noch ziemlich lehmig aus. Ich konnte das Gefühl nicht so ganz loswerden, dass diese Exkursion noch ein abendliches Nachspiel haben würde. Na, ja, das mit der Wäsche kennt ihr ja schon. Das lasse ich jetzt aus.

Den nächsten Bums holte ich mir beim Windrad laufen. Bei diesem Spiel war ich klar im Vorteil, da ich die nötige Pappe zu Haus hatte. Ich nahm mir

also einen Karton her, in dem Margarinestangen oder Erdbeerlutscher geliefert worden waren, und schnitt mir mit unserer großen Ladenschere ein kreisrundes Stück von etwa dreißig Zentimetern Durchmesser heraus.
Auf dieses Pappstück wurde innen ein Kreuz gemalt. Die Kreuzenden mussten etwa zwei Zentimeter vom Rand der Pappe entfernt enden. Dieses Kreuz wurde vorsichtig mit einem scharfen Messer aufgeschnitten. Man musste sehr aufpassen, denn das Papprad durfte nicht geknickt werden. Zum Schluss mussten die so entstandenen Dreiecke nach außen gebogen werden, und zwar diagonal. Das heißt, dass ein Dreieck nach links, das zweite nach rechts, das dritte wieder links und das vierte nach rechts heraus zeigen musste.
Jetzt war das Windrad fertig und man konnte es bei gutem Wind laufen lassen.
Wo kam der Wind her? Das konnte man sehr einfach testen. Man leckte einen Zeigefinger an und hielt diesen einfach in die Luft. Man wusste dann sehr schnell, aus welcher Richtung der Wind blies, da die Fingerseite auf der Windseite kalt wurde.
Hatte der Wind eine bestimmte Stärke, ging es ganz leicht. Man setzte das Windrad einfach auf die Erde und ließ es davontreiben. Jetzt zeigte sich, ob sorgfältig gearbeitet worden war. Hatte die Pappe nämlich einen Knick, eierte das Rad und fiel sehr schnell

um oder flog aus der Spur und knallte gegen einen Zaunpfosten oder sonst irgendeinen unnützen von den Erwachsenen erfundenen Gegenstand, der nichts weiter im Kopf hatte, als Kinder am Davonrennen zu hindern.
Jetzt musste man schnellstens hinterher und versuchen, das Windrad nach einer vorher abgesteckten Strecke wieder einzufangen. Das war bei nicht zu starkem Wind recht einfach.
Wehe, der Wind blies aber ziemlich stark, dann kriegte das Windrad eine enorme Geschwindigkeit drauf. Noch schlimmer waren Böen oder wenn der Wind die Richtung wechselte. Dann musste man ziemliche Haken schlagen, um das Windrad rechtzeitig zu ergattern.
Einmal hatten wir so einen blöden Flatterwind. Ich rannte wie der Blitz hinter meinem Windrad her, als das olle Ding plötzlich einen furchtbaren Haken schlug. Ich hatte natürlich damit gerechnet und folgte problemlos dem Windrad. Dann schlug es erneut einen Haken. Da ich meine Augen fest auf meinen Spielkameraden geheftet hatte, entging mir auch dieser Haken natürlich nicht. Ich folgte augenblicklich seiner Bewegung.
Plötzlich knallte es und ich stand erschrocken vor der Hauswand. Meine Stirn lag nicht in Falten. Nein, kein Stück. Sie tat furchtbar weh, da ich voll mit meiner Rübe gegen die Wand gerannt war. Ich

muss hier zugeben, dass es besser ist, auch ab und an mal einen Blick in die Runde schweifen zu lassen, anstatt nur wie gebannt auf die blöde rollende Pappe zu starren.
Wie dem auch sei, jedenfalls war der Tag für mich gelaufen. Omma musste ein großes Pflaster auf meine Wunde kleben und so war ich dann für den Rest des Tages leidend.

Kaum waren meine Kriegsleiden einigermaßen abgeheilt, brachte ich mir schon wieder welche bei. Und das kam so: Sigrun und ich kamen auf die blendende Idee, eine Fahrradtour zu unternehmen. Das ist ja eigentlich eine recht lobenswerte Angelegenheit. Reisen bildet, heißt es doch immer. Also wollten wir reisen und uns bilden.
Sigrun klaute sich das Rad ihrer Mutter und ich nahm das von Tante Emmi, die bei Sigrun ganz in der Nähe wohnte. Ja, wo sollte die Bildungsreise denn nun eigentlich hingehen? Wir beschlossen, einfach los zu radeln und uns dann unterwegs zu entscheiden. Nach einigen Kilometern kam Sigrun auf die glorreiche Idee, in unserem Nachbardorf nach dem Rechten zu sehen. Dort konnten wir bestimmt viel lernen über die Sitten und Gebräuche der dort lebenden Ureinwohner. Dass diese Leute dort sich in keiner Weise von uns unterschieden, da unsere beiden Dörfer nur etwa vier Kilometer aus-

einander lagen, machte uns nicht all zu viel Kopfzerbrechen. Reisen bildet, egal, wo.
Im Nachbardorf befragten wir einen Passanten nach dem Namen des Dorfbaches. Er sah uns etwas merkwürdig an und gab uns die epochale Antwort: „Dorfbach."
So waren wir wieder etwas schlauer geworden und stellten fest, dass diese dort lebenden Ureinwohner durchaus in der Lage waren, gesittet mit uns zu kommunizieren. Höchst erstaunt über diese umfassende Auskunft fragten wir mutig weiter und erfuhren, dass der Passant auch das Alter dieses Baches genau beschreiben konnte: „Keine Ahnung."
Jetzt war es an der Zeit, ein erstes Resümee unserer Exkursion zu ziehen. Was hatten wir also dazu gelernt? Der Dorfbach hieß Dorfbach und hatte kein bestimmtes Alter. Na, das war doch schon was!
Wir bestiegen wieder unsere Räder und fuhren ein Stück weiter. An einem Misthaufen hielten wir an und fragten eine Dame in merkwürdiger Kleidung nach ihrem Beruf. Auch diese Dame guckte etwas komisch und sagte: „Bäuerin."
Da hätten wir schließlich auch so drauf kommen können. Die Bäuerinnen in unserem Dorf waren genauso gekleidet, aber wir waren ja sozusagen in fremden Landen. Und da war es einfach besser, noch mal genau nachzufragen, ehe man sich ein völlig falsches Bild von der Bevölkerung machte.

Irgendwann hatten wir keine Lust mehr und kehrten um. So viel Weisheit will erst mal verarbeitet werden. Kurz vor unserem Dorf trennten wir uns, da Sigrun meinte rechtsrum wäre der Heimweg kürzer. Ich war allerdings der festen und unumstößlichen Meinung, dass der linke Weg der Kürzere war.

Wir fuhren also wie die Wilden los. Jede von uns wollte beweisen, dass gerade ihr Weg der kürzere sein musste. Da wir uns aber beide gar nicht so sicher waren, wollte jede die etwaig längere Distanz durch eine schnellere Fahrt ausgleichen und als Erste am Ziel sein. Ich trat wie verrückt in die Pedale und erreichte mit dem großen Rad eine enorme Geschwindigkeit. Immer wieder starrte ich stolz auf meine wie irre arbeitenden Beine.

Plötzlich wurde meine Sausefahrt abrupt gestoppt. Ehe ich recht begriff, was überhaupt um mich herum ablief, fand ich mich am Boden liegend wieder. Sigrun lag ein paar Meter entfernt ebenfalls im Staub. Wir waren also genau in der Mitte des Heimwegs zusammengestoßen. Die Räder hatten Gott sei Dank nur kleinere Blessuren davongetragen. Wir sahen da schon etwas schlimmer aus. Unsere Strümpfe hatten sich schlagartig den Posten eines Putzlappens ergattert. Unsere Kleider würden zu Flickenlieferanten aufsteigen und unsere Häute würden hoffentlich bald wieder zusammenwach-

sen.
So hinkten wir schwer gezeichnet von der Bildungsfahrt nach Haus. Aber, was tat man nicht alles für die Bildung. Man musste halt manchmal Opfer bringen, um weiterzukommen.
Das mit der Wäsche und so Sachen erspare ich euch jetzt. Darüber habe ich mehrfach berichtet und ich will euch ja nicht mit dauernden Wiederholungen langweilen.
Ein Gutes hatte unser Crash allerdings doch: Wir wussten nun genau, dass der Weg vom Nachbardorf zu uns immer gleich lang war, egal welche der beiden Routen man einschlägt.
Wir unternahmen noch etliche Fahrradtouren. Fast jeden Abend fuhren wir einmal um den Pudding. Das heißt: Wir fuhren oben zum Dorf raus, überquerten einen Berg, ließen uns mit Affengeschwindigkeit auf der anderen Seite runterrollen, bogen zweimal rechts ab und landeten nach etwa sechs Kilometern wieder in unserem Dorf.

Meine Cousine Andrea hatte ein supertolles Rad. Ihr Vater war ein absoluter Radfreak und so profitierte auch sie davon. Ihr Ding hatte achtundzwanziger Räder und eine Gangschaltung. Damit war sie uns natürlich haushoch überlegen. Da kamen wir nicht mit, auch wenn wir uns noch so anstrengten.
Meine Tante hatte einen Mann aus der Nachbar-

stadt geheiratet und so war ich plötzlich zu einer Cousine gekommen, die ein Jahr älter war als ich.
Mein Bruder und ich fuhren ab und zu in den Ferien zu der Tante. Das machte immer viel Spaß, da der angeheiratete Onkel kein Bauer war, sondern in einer Fabrik arbeitete und somit viel Zeit hatte. So kamen wir mit unseren Rädern viel herum.
Andrea freute sich immer auf uns, da sie etwas sonderbar war und keine Freundinnen hatte. Ich ignorierte ihre seltsamen Ansichten einfach und kam deshalb gut mit ihr klar.

Wenn der Onkel Urlaub hatte, ging es auf Abenteuerfahrt. Tante kriegte einen Kochtopf auf den Gepäckträger, Onkel eine große Dose Würstchen. Andrea, mein Bruder und ich luden je eine Tasche mit Brot, Möhren, Rettich und anderen Utensilien auf und ab ging es.
So fuhren wir aus der Stadt hinaus und in die Berge. Da gab es ganz verwunschene Ecken. Ein Bächlein murmelte oder rauschte uns entgegen und wir mussten kräftig strampeln, um die Serpentinen zu erklimmen. Je höher wir kamen, desto einsamer wurde es. Hier oben begegnete uns kein Mensch mehr. War es dann einsam und abenteuerlich genug, stiegen wir ab und errichteten uns ein „Biwak."
Dazu wurde die Crew eingeteilt. Die Einteilung

übernahm „General Onkel." „Generalin Tante" wurde zur Küche abkommandiert. „Hauptfrau Andrea" hatte der „Generalin Tante" zu helfen und Wasser aus dem Bach zu holen. Dazu wurde ihr feierlich der Kochtopf überreicht. „Frau Majorin Margaretha" und „Herr Oberfeldwebel blöder Bruder" wurden zum Brennholzsammeln ausgeschickt. Während „General Onkel" Steine herbeischleppte und einen Kreis daraus kreierte, waren alle mächtig beschäftigt.
In den Steinkreis wurde das Brennholz geschichtet und von „Generalin Tante" angezündet. Währenddessen hielt uns „General Onkel" wie immer eine Rede über die Gefahren eines offenen Feuers im Wald. Dies hatten wir zu beachten und das musste unbedingt vermieden werden, um einen Großbrand zu verhindern.
Dann endlich hatte die Tirade ein Ende und bei der „Generalin Tante" loderte ein schönes Feuer. Nachdem es etwas runtergebrannt war, wurde der Topf an einem Holzgestell aufgehängt. Dieses Holzgestell bestand aus drei langen Ästen mit Gabel, die um die Feuerstelle herum in die Erde gesteckt worden waren. Die Astgabeln wurden über dem Feuer so ineinander verhakt, sodass ein sicheres Aufhängen des Topfes gewährleistet war.
Nun kamen die Würstchen in den mit Wasser gefüllten Topf. Die Küchenchefin verteilte das Brot

und das Grünzeug. Schnell waren die Würstchen heiß und wurden von „Generalin Tante" aus dem Wasser geholt. Auf ein großes grünes Blatt wurde ein großer Haufen Senf gelöffelt und so konnten wir unsere Würstchen dort eintunken.

Anschließend waren wie alle recht fettig und klebrig. Dem konnte schnell Abhilfe geschaffen werden. „General Onkel" kommandierte den ganzen Zug ab zum Waschen am Bach.

Wenn das Wetter es zuließ, erweiterten wir die befohlene Wäsche noch etwas, entledigten uns unserer Kleidung und hüpften splitterdings in den Bach. Mit neugierigen Zuschauern war hier oben in der einsamen Wildnis kaum zu rechnen und so tobten wir eine ganze Weile dort herum. Lange aushalten konnten wir das in dem eiskalten Wasser sowieso nicht, aber trotzdem machte es riesigen Spaß.

Anschließend wurden wir zum Sonnenbaden abkommandiert, um wieder trocken zu werden. Anfangs war das eine recht fröstelige Angelegenheit. Mit der Zeit wurde es dann aber immer sehr warm, da in dem kleinen Tal kein einziger Windhauch zu spüren war.

Onkel und Tante hatten während unserer Badeorgie die Utensilien in den Taschen verstaut und wenn wir gut durchgewärmt vom befohlenen Sonnenbad zurückkamen, ging es heimwärts.

Hui, war das eine heiße Fahrt. Von nun an ging es

nur noch bergab und wir konnten uns einfach rollen lassen. Ich spüre noch heute den Fahrtwind im Gesicht, an Armen und Beinen. Leider gingen diesen Bergabfahrten immer viel zu schnell vorbei und schon waren wir am Haus von Onkel und Tante angekommen.

Onkel holte einen großen Kartoffelsack hervor und kaum hatten wir die Räder im Schuppen verstaut, ging es auch schon wieder los. In einigen hundert Metern Entfernung vom Haus gab es eine Eisenbahnstrecke. Dort lag das Ziel unserer Wanderung. Hier wuchs – nach Aussage von Onkel – der beste aller Löwenzähne. Gemeinsam wurde der Sack vollgerupft. Wir beeilten uns sehr, um den Zug, der immer am frühen Abend hier vorbeikam, nicht zu verpassen.

Da unser eigenes Dorf keinen Bahnanschluss hatte, stellte das Eisenbahn gucken für uns immer wieder eine Attraktion dar. Wir setzten uns also ins Gras und harrten der Dinge, die da kommen würden. Onkel hatte uns eingeschärft, niemals auf die Schienen zu gehen. Er meinte, dass man den Zug zu spät hören würde, um ausweichen zu können, und dann eben platt wie eine Briefmarke den Rest seines Lebens dahinvegetieren müsste. Das wollten wir natürlich nicht riskieren, da Briefmarken, soweit ich weiß, kein sehr aufregendes Leben leben und deshalb gingen wir gern mal neben den Schienen her,

aber niemals auf ihnen.
So saßen oder lagen wir also im Gras und schauten sehnsüchtig nach links, da von dort der Zug kam. Endlich war es so weit. Aus etwa tausend Kilometern Entfernung war ein Pfeifen zu hören. Dann war das Pfeifen wieder vorbei. Onkel erklärte uns, dass der Zug durch den großen Wald fuhr und an den unbeschrankten Bahnübergängen also, wenn Feld- oder Waldwege die Schienen kreuzten, pfeifen musste, um die Menschen, die eventuell den Bahnübergang benutzen wollten, zu warnen. Ganz in der Nähe hatten wir ein Schild entdeckt, auf dem „2 P" stand. Das heißt, dass der Lokomotivführer hier die Lok zweimal pfeifen lassen musste.
Aus weiter Ferne war ein Rumpeln zu hören, das immer mehr anschwoll. Und dann war es endlich so weit. Der Zug kam in einem großen Bogen aus dem Wald. Langsam kroch er auf uns zu, um immer schneller werdend, an uns vorüberzujagen. Tacktack, tacktack, tacktack …
Manchmal guckte der Lokführer aus dem Fenster und winkte uns zu. Dann sprangen wir auf und winkten wie verrückt zurück. Das war für uns eine große Ehre, wenn ein so hohes Tier, wie ein Lokführer, uns zuwinkte. Der fuhr ja schließlich in der ganzen Welt herum, war also viel gereist und damit schlussendlich ein gebildeter Mann.
Dann war auch schon wieder alles vorbei und der

Zug verlor sich in der Ferne. Wo die vielen Leute wohl alle hinwollten? Irgendwie bekam ich immer ein bisschen Fernweh, wenn ich dem Zug nachsah. Er bedeutete für mich den Anschluss an die große weite Welt. Dass es sich hier nur um eine Regionalbahn handelte, war mir nicht klar. Alles, was weiter als zwanzig Kilometer entfernt lag, war schon fast Amerika.

Nun wurde der volle Sack zurückgetragen. Dabei wechselten wir uns ab, da jeder mal drankommen wollte. Der Löwenzahn wurde von uns auf die einzelnen Kaninchenställe verteilt und wir sahen den Stallhasen noch eine Weile beim Mümmeln zu.

Die Zeit verging bei Onkel und Tante wie im Fluge und ruckzuck war schon wieder Abendbrotzeit. Nach dem Essen wurde noch Dämmerstunde gehalten. Das kennt ihr sicherlich gar nicht mehr. Dämmerstunde hieß, dass alle zusammen in der Stube saßen, es sich dort bequem machten und miteinander plauderten. Das Licht wurde nicht eingeschaltet und so saßen wir ganz romantisch bei Kerzenschein oder nur im Dämmerlicht und redeten noch einmal über die Ereignisse des Tages oder über Pläne für den nächsten Tag. Ich liebte diese Wohlfühlabende.

Leider war die Ferienzeit immer viel zu kurz. Kaum hatte man sich an die schulfreie Zeit gewöhnt, ging

es auch schon wieder los. Jede erzählte am ersten Schultag nach den Ferien von dem, was sie so erlebt hatte. Richtige Urlaubserlebnisse hatte aber keine, da das Verreisen in den Fünfzigern noch nicht so verbreitet war wie heute.
Die meisten hatten eine kleine Landwirtschaft zu Haus und konnten schon deshalb nicht weg. Wer sollte denn die Kühe melken oder die Schweine füttern? Auf den Feldern gab es rund um die Uhr zutun und viele hatten nach dem Krieg das Geld zum Verreisen einfach nicht. Der Krieg war an unserem Dorf zwar vorbeigegangen und hatte kaum Schäden hinterlassen, aber trotzdem musste viel gearbeitet und organisiert werden. Viele Männer waren nicht zurückgekommen und hatten erhebliche Lücken hinterlassen. So mussten Frauen Arbeiten erledigen, die eigentlich viel zu schwer für sie waren. Aber was half es? Es musste ja weitergehen.

Dann kamen plötzlich Tante Gretel und Onkel Hermann zu Besuch. Die beiden lebten in einer weit entfernten großen Stadt und ich sah sie nur sehr selten.
Sie wollten Urlaub bei uns machen und genossen das Landleben. Abends saßen wir zusammen und hielten Dämmerstunde. Als wir so über dies und das redeten, kam Tante Gretel – ich fand den Namen sehr lustig, da er mich an das Märchen „Hän-

sel und Gretel" erinnerte – auf die Idee, Omma und mich doch einfach mal mitzunehmen.
Ach, was hat sich Omma gesträubt. Nein, wer soll denn die Kartoffeln schälen, die Kühe melken und den Hof fegen? Sie kann hier nicht weg und basta! Und die Hühner müssen ja auch jeden Morgen rausgelassen werden und dann noch die Eier …
Muttern, Onkel und Tante redeten so lange auf sie ein, bis sie dann doch nachgab.
So wurden unsere Koffer gepackt und los ging es zum Bahnhof. Onkel Hermann spendierte so gar eine Taxifahrt. Ich war noch nie in meinem Leben in einem Taxi gefahren. Das war eigentlich auch nichts anderes als in einem normalen Auto zu fahren, aber da es sich um ein Taxi handelte, war es eben doch etwas Besonderes. Ich war so aufgeregt, dass ich aufpassen musste, keinen Pipifleck auf die schöne Taxisitzbank zu machen.
Dann stiegen wir in den Zug und fuhren los. Erst jetzt wurde mir so richtig bewusst, dass ich nun auch zu den Menschen gehörte, die ich immer bewundert hatte, wenn wir nach dem Löwenzahn pflücken den vorbeifahrenden Zug beobachtet hatten.
Ich schnappte mir sofort einen Fensterplatz und starrte hinaus. Die Landschaft flog nur so an mir vorbei und wenn der Wald sehr dicht wurde, nahm ich nur noch bunte Streifen wahr. Einzelne Bäume

waren nicht mehr zu erkennen. Schön war es auch, wenn wir durch flache, weit einsehbare Gegenden fuhren. Dann hatte ich das Gefühl, still zu stehen und die Landschaft fuhr an mir vorbei. Und über Brücken fuhr ich auch gern. Dann konnte ich auf die Flüsse und Schiffe hinunterblicken oder die kleinen Autos unter mir sehen. Außerdem rumpelte es da so schön unter mir.

Nach mehrmaligem Umsteigen auf immer größer werdenden Bahnhöfen in immer größeren Städten fuhr unser Zug über eine riesige Brücke. Onkel zeigte nach rechts und ich folgte seinem Finger mit den Augen. Ich war überwältigt. Ich sah zum ersten Mal in meinem Leben eine supergroße Kirche mit zwei superhohen Türmen. „Das ist der Kölner Dom", sagte Onkel Hermann. Ich war beeindruckt. Da hätte unsere Dorfkirche bestimmt x-mal reingepasst.

Aber schon ging es weiter und nach etwa drei Stunden erreichten wir unser Ziel. In der saarländischen Großstadt sah es völlig anders aus als bei uns zu Haus. Häuser, Häuser und noch mal Häuser. Hoch und grau. Und dann erst die riesigen Fabriken mit ihren noch riesigeren Qualm- und Feuer spuckenden Schornsteinen. Ich war überwältigt.

Wir fuhren mit einer Taxe vom Bahnhof zum Haus von Onkel und Tante. Sie bewohnten dort eine großzügige Wohnung. Der Ausblick gefiel mir aber nicht so sehr, da neben dem Haus ein ziemlich großes Trümmergrundstück lag. Onkel erklärte mir, dass die Gebäude, die dort mal gestanden hätten, im Krieg durch Bomben zerstört worden waren. Hier würde später eine große Fabrik gebaut werden.

Ich war so fertig, dass ich trotz der vielen Eindrücke, die heute auf mich eingestürzt waren, schnell einschlief.

Am nächsten Tag machten wir einen Einkaufsbummel. Mein Gott, was gab es da für riesige Geschäfte. Die waren teilweise sogar mehrstöckig und ich fuhr das erste Mal auf einer Rolltreppe in eine andere Etage. Ich war so überwältigt, dass mir fast schwindelig geworden wäre. Hier eine supergroße Abteilung mit Porzellan, dort eine noch größere Abteilung mit Töpfen und Pfannen und ganz oben ein Spielzeugparadies.

Da gab es Spielzeuge und Puppen in so großen Mengen und in so vielen verschiedenen Ausführungen, dass ich gar nicht wusste, wohin ich zuerst und zuletzt gucken sollte.

Puppen, die „Mama" sagen konnten oder elektrische Eisenbahnen, die auf winzigen Schienen durch die aberwitzigsten Landschaften donnerten. Jetzt musste ich mich erst mal setzen. Das konnte doch gar nicht alles Wirklichkeit sein. Ich schloss die Augen und hielt mir die Ohren zu. Ich konnte mich

noch so sträuben, ich saß wirklich und wahrhaftig im Paradies.
Zwei Tage später ging es auf den Rummel. Das war nicht der Rummel, den ich von zu Haus her kannte. Nein, dieser war richtig groß. Viele Menschen drängelten hier herum und man konnte vor lauter Krach kaum was verstehen. Autos und Motorräder ratterten an mir vorbei immer im Kreis herum. Das Fahren mochte ja Spaß machen, aber irgendwie kamen die ja nicht vom Fleck. Zum Verreisen war das nichts. Trotzdem drängelten sich die Menschen vor den Kassen. Jeder wollte einmal mitfahren. Nee, nee, ich nicht. Das ging mir alles zu schnell und außerdem kam man ja doch immer wieder da an, wo man auf- oder eingestiegen war.
Wir gingen weiter und kamen an einigen großen Maschinen vorbei. Ich wusste nicht, was die für einen Sinn machten, fragte aber auch nicht. Dann kamen wir an ein großes Gerät, an dem viele Eisenarme befestigt waren. An diesen Eisenarmen saßen kleine Flugzeuge. Die fuhren zwar auch alle nur wieder im Kreis herum, aber da wollte ich mal mitfliegen.
Onkel Hermann löste eine Karte und stieg in ein solches Flugzeug ein. Ich wurde zwischen seinen Knien positioniert und schon ging es los. Zwischen meinen Knien ragte ein eiserner Knüppel aus dem Flugzeugboden. Onkel Hermann griff an mir vorbei

und zog diesen Knüppel nach hinten. Hui! Schon hoben wir ab. Mir wurde es schwummerig und ich starrte auf meine Schuhe, da ich mich nicht traute, aus dem Flugzeug zu gucken.
Onkel Hermann sagte, dass wir gerade eben an Omma und Tante Gretel vorbeigeflogen seien. Das machte mich dann doch neugierig und ich schaute in die Gegend. Omma und Tante Gretel konnte ich zwar nicht erkennen, aber trotzdem war der Ausblick phänomenal. Der ganze Rummel flog an mir vorbei. Ich konnte die ganzen Drängelleute da unten sehen.
Ich blieb nach dem Ende der Fahrt einfach sitzen. Onkel Hermann musste noch einmal Karten lösen und so machten wir noch einige Touren über den Köpfen der Menschen.

Zum Wochenende kam Henny nach Haus. Henny ist die Tochter von Tante Gretel und Onkel Hermann. Die studierte damals in Saarbrücken und kam ab und zu mal vorbei, um ihre Wäsche zu waschen, und manchmal auch einfach nur so. Jetzt war sie unseretwegen gekommen, da wir uns viele Jahre nicht mehr gesehen hatten.
Sie war eine recht stille junge Dame, aber wenn sie Musik machen durfte, dann taute sie auf. So holte sie auch diesmal schnell ihre Gitarre hervor, schloss diese mit einem Überspielkabel an das große Radio

an und legte los. Die ersten Lieder oder „Songs", wie sie es nannte, kannten wir nicht. Tante Gretel verzog das Gesicht: „Das kann ja kein Mensch verstehen! Kannst du keine deutschen Lieder?" Natürlich konnte sie das. Und wie!

Alle Volkslieder wurden rauf und runter gesungen und sie begleitete uns dabei auf ihrer Gitarre. Ich hatte vorher noch nie jemanden live auf einer Gitarre spielen hören und war dementsprechend begeistert. Ich fragte sie, ob ich das auch mal probieren dürfte und sie drückte mir das Ding in die Hand.

Ich war natürlich viel zu dumm dazu und hielt die Gitarre erst mal falsch rum. Sie korrigierte mich und zeigte mir einen ersten Griff.

„Mit der linken Hand drückst du diese Saiten nieder und mit dem Daumen der rechten Hand streifst du über die Saiten." Ja, das hörte sich schon ziemlich gut an. Aber so hatte ich nur einen einzigen Akkord. Sie zeigte mir noch zwei andere und ich muss sagen, ich bin kläglich gescheitert. Ich kam mit den Saiten völlig durcheinander und hätte nach einer halben Stunde geschworen, dass da mindestens fünfzig Saiten an der Gitarre dran waren und nicht sechs.

Nee, nee, das war mir viel zu kompliziert und ich legte das vermaledeite Ding schnell wieder beiseite. Meine Fingerspitzen brannten und fühlten sich

ganz wund an.
Tante Gretel fragte nach Hennys Studium und als sie davon erzählte, hörte ich ganz aufmerksam hin. So ein Studium ist doch eine ganz andere Welt. Wie rückständig ich doch eigentlich war, da in unserem kleinen Dorf. Wenn Henny erzählte, wurde ich ganz neidisch.
Stellt euch bloß mal vor, die durfte jeden Tag mit einer Straßenbahn fahren. Jeden Tag! Und ich hatte mal grade eben erst die erste in meinem Leben gesehen. Und die fuhr jeden Tag damit durch die Stadt. Das musste doch einfach traumhaft sein. So jeden Tag Straßenbahn! Und wenn sie einkaufen ging, fuhr sie auch immer auf der Rolltreppe nach oben oder unten. Und das auch jeden Tag!
Mir wurde fast schwindelig bei diesen Gedanken. Jeden Tag Straßenbahn und jeden Tag Rolltreppe. Und als Sahnehäubchen auch noch in dieser großen Stadt mit ganz vielen Straßenbahnlinien und ganz vielen großen Kaufhäusern, mit noch mehr Rolltreppen und noch mehr riesigen Spielwarenabteilungen, mit Bergen von elektrischen Eisenbahnen und superriesigen Puppen, die „Mama" sagen konnten. Bevor ich allerdings jetzt in Ohnmacht fallen konnte, wurde ich von Omma ins Bett geschickt. Schade, ich hätte das Gefühl so gern mal genossen.
Ich hatte das schon ein paar Mal im Kino gesehen. Da fielen die Frauen auch bei jeder kleinen Aufre-

gung in Ohnmacht und wurden dann ganz galant von irgendwelchen gut aussehenden Herren aufgefangen und getröstet. Na ja, Kino war natürlich übertrieben. Kinos, so wie hier, gab es in unserem Dorf natürlich nicht. Bei uns gab es ab und zu mal eine Filmvorführung in der Dorfkneipe.
So hatte ich keine andere Möglichkeit, als meine Ohnmacht neben dem Bett auszuprobieren. Ich fiel also in Ohnmacht und sank, ergebenst auf Auffanghilfe wartend, aufs Bett. Ich fiel absichtlich ganz langsam, damit ein Galan auch noch Zeit hatte zu erscheinen und mich rechtzeitig aufzufangen, mich zu trösten und aufs Bett zu betten. Da kein Galan erschienen war, stand ich wieder auf und machte das noch mal. Diesmal fiel ich sogar noch langsamer. Leider war auch diesmal kein Galan in Sicht. Jetzt reichte mir das aber. Noch langsamer konnte ich nicht fallen. Dann sollten die Galane eben bleiben, wo der Pfeffer wächst. Ich zog mich also missmutig aus und kroch ohne Galanhilfe unter die Decke.

Dann war der Tag der Rückreise gekommen. Von Henny hatten wir uns bereits einige Tage vorher verabschiedet, da sie ja stundenlang Rolltreppe und Straßenbahn fahren musste. Onkel und Tante brachten Omma und mich mit einer Taxe zum Bahnhof und nach etlichen Bahnhöfen und Umsteigungen

waren wir fast zu Haus.
Omma rannte auf dem kleinen Bahnhof hin und her. Ich fragte sie, warum wir denn jetzt nicht mit einer Taxe ganz nach Haus fahren würden.
„Kind, datt chat nich. Watt schalln denn däi Lüie denken, wenn däi ösch inne Taxe sein daut, un denn wollt se nich mä bi ösch inkopen, wall se mien daut, wi häbbet `n Cheldeseln bi ösch tu hus."
(Kind, das geht nicht. Was sollen denn die Leute denken, wenn die uns in einem Taxi sehen. Dann wollen die nicht mehr bei uns einkaufen, weil sie denken, wir hätten einen Geldesel bei uns zu Haus.)
Na, toll, dachte ich, und jetzt?
Omma war da ganz rigoros. Sie schnappte sich den großen Koffer und die große Tasche und marschierte davon. Mir blieb nichts anderes übrig, als den kleinen Koffer und die kleine Tasche zu nehmen und ihr zu folgen. Sie wollte doch wirklich zu Fuß nach Haus laufen. Nach spätestens zehn Metern wurden meine Hände lahm, nach weiteren zehn Metern auch noch die Schultern. Ich setzte meine Utensilien ab und schrie Omma hinterher, sie solle warten, da ich nicht mehr könne.
Sie drehte sich um und schrie zurück, dass mein Vater und mein Oppa im Krieg mit viel mehr Gepäck durch ganz Russland gelaufen seien und ich solle mich gefälligst nicht so anstellen. Ja, was sollte ich denn machen? Ich konnte ja schlecht allein auf

dem Bahnhof bleiben. Wer wusste schon, wann wir mal wieder irgendwo hinfuhren? Das Warten hier lohnte also nicht so richtig. Wovon sollte ich hier auch leben und wo sollte ich schlafen? In der Bahnhofshalle standen zwar ein paar alte Holzbänke, aber irgendwie war mir da mein Federbett zu Haus doch wesentlich lieber.
Ich nahm also die Sachen wieder auf und rannte ihr nach. Gott sei Dank überholte uns etwa auf der Hälfte der Strecke ein Bekannter aus dem Dorf. Er stoppte seinen Pferdewagen und nahm uns mit zurück. Pferdewagen fahren fand ich ja vorher immer ganz schön, gegen eine richtige Taxe oder gar eine Straßenbahn kam der aber nicht an.
Dann waren wir endlich daheim angekommen und alles ging wieder seinen gewohnten Gang.

Die Ferien waren vorbei und jede musste erst mal erzählen, was sie so erlebt hatte. Ich schoss natürlich den Vogel ab. Eine so weite Reise hatte keine andere unternommen.
Leider konnte ich mich des Gefühls nicht erwehren, dass die anderen meinen Erzählungen keinen Glauben schenkten. Ich erntete immer nur ungläubiges Staunen oder manchmal gar Gelächter.
„Klar, gibt es da Treppen, die selber fahren und große Kaufhäuser mit riesigen Spielzeugabteilungen und natürlich Puppen, die „Mama" sagen. Wer

's glaubt, wird selig."
Ich hielt dann irgendwann einfach die Klappe. Das brachte nichts, wenn ich weiter auf der Richtigkeit meiner Erzählungen beharrte. Ich ließ diese blöden unwissenden Gänse einfach stehen und trollte mich davon. Wie konnten die auch mit mir, einer Weltreisenden, mithalten. Die waren ja soooo ungebildet, dass es schon wehtat. Mit so was gab ich mich doch nicht mehr ab.

Zwei Tage später war die ganze Geschichte längst vergessen und wir fuhren mit den Rädern gemeinsam zum Baden an den kleinen See, der in der Nähe des Dorfes liegt. Hei, was machte das für einen Spaß. Viele Male stieg ich aus dem Wasser, um dann vom alten Holzsteg wieder hineinzuspringen. Ob ich schwimmen kann? Natürlich kann ich schwimmen. Was denkt ihr denn wohl?
Das haben mir Tante Elli und Onkel Herwig beigebracht. Tante Elli konnte es nicht mehr mit ansehen, wenn ich mich mit einem alten schwarzen Autoreifenschlauch abmühte. Allein das Aufpusten dauerte immer Stunden und mir war ganz schwindelig dabei.
Eines Tages hatte sie mit Onkel Herwig gesprochen und wir waren in ein großes Nachbardorf gefahren. Die hatten da eine Badeanstalt. Das Ding war zwar schon ziemlich alt und marode und der Chlorge-

stank gefiel mir überhaupt nicht, aber es handelte sich eben um eine richtige Badeanstalt mit Bademeister und Kiosk und allem, was eben zu einer richtigen Badeanstalt dazugehörte, die was auf sich hält.

Onkel Herwig borgte sich vom Bademeister ein Brett aus Kork aus und stieg mit mir und Tante Elli ins Wasser des Kinderbeckens. Meine Güte, was hatte ich für eine gewaltige Angst. Ohne meinen Gummischlauch kam ich mir recht einsam und verlassen und vor allen Dingen sehr unsicher vor.

Onkel Herwig sagte, ich solle mich auf den Bauch ins Wasser legen und mich mit den Händen am Korkbrett festhalten. Na, schönen Dank auch. Ich lege mich doch nicht ohne meinen Gummischlauch ins Wasser. Da geh' ich ja auf der Stelle unter und dann haben wir den Salat.

Tante Elli kam herbei und erklärte mir, dass das Korkbrett mich tragen würde, und außerdem seien sie beide ja in der Nähe. So werde schon nichts passieren. Ja, ja, die haben gut reden. Also nahm ich das Brett in beide Hände und ließ mich ganz, ganz, ganz, ganz, ganz langsam und vorsichtig ins Wasser gleiten.

Wahrscheinlich stellte ich mich ziemlich dusselig an. Jedenfalls ließ ich vor lauter Angst das Brett los, ging für einen Augenblick unter und schluckte Wasser. Onkel Herwig hatte mich aber längst ge-

packt und hievte mich wieder hoch. Eigentlich war ja gar nix passiert, trotzdem hatte ich die Nase erst mal voll. Ich schnappte nach Luft. Meine Augen brannten von dem blöden Chlor und in meiner Nase juckte es wie verrückt.
Tante Elli ließ allerdings nicht locker und schon nach kurzer Zeit musste ich es erneut versuchen. Wieder ließ ich das Brett los und tauchte unter. Wieder holte Onkel Herwig mich hoch und wieder versuchte ich es. Langsam wurde ich böse mit mir. Das muss doch zu schaffen sein! Ich bin doch nicht blöd!
Dann hatte ich den Bogen endlich raus. Anstatt das Brett immer wieder loszulassen, hielt ich es einfach fest und siehe da, Onkel und Tante hatten nicht gelogen. Das Brett hielt. Ich lag auf dem Wasser. Ich lag wirklich auf dem Wasser. Wirklich wahr, ich lag vollständig auf dem Wasser. Ich konnte es gar nicht fassen und überprüfte mich selbst, ob ich nicht vielleicht ein bisschen schummelte. Das ging ja ganz leicht. Man tat so, als würde man im Wasser liegen, hatte aber vorsichtshalber doch noch ein Bein an der Erde. Nein, ich hatte kein Bein mehr an der Erde. Ich lag tatsächlich ohne Bein an der Erde im Wasser.
Tante Elli stand an meinem Kopfende und hielt das Brett in der Waage, während Onkel Herwig meine Unterschenkel in seine Hände nahm und mir zeigte,

welche Froschbewegungen ich machen musste, um von der Stelle zu kommen.
Unermüdlich bewegte er meine Beine. Und dann, ihr glaubt es kaum, geschah das Wunder. Ich konnte mich vorwärts bewegen. Tante Elli ging rückwärts vor mir her und hielt das Brett immer noch in der Waage. Zumindest erzählte sie mir das. Sie hatte schon längst losgelassen und tat nur noch so, als hielte sie das Brett. In Wirklichkeit schwamm ich schon ganz alleine.
Nachdem ich einige Runden durch das Minibecken gedreht hatte und eigentlich gar nicht mehr aufhören wollte mit dem Runden drehen, wurde ich doch wieder gestoppt. Tante Elli stellte sich vor mir auf und zeigte mir die Armbewegungen, die man machen muss, um nicht nur nicht abzusaufen, sondern um auch noch vom Fleck zu kommen. Das war ja pipileicht. Ich tauchte mit dem Oberkörper unter und machte die Armbewegungen im Wasser. Ja, so kam ich gut voran.
Onkel Herwig meinte, dass es nun an der Zeit sei, beide Bewegungen gleichzeitig zu machen. Ich sollte also gleichzeitig mit den Beinen die Froschbewegungen machen und mit den Armen die anderen Bewegungen. Ach Gottchen, das ging überhaupt nicht. Entweder ich konzentrierte mich auf die Arme. Dann bewegte ich die Arme. Oder ich konzentrierte mich auf die Beine. Dann bewegten sich

die Beine. Aber beides zusammen wollte nicht klappen. Ja, meine Güte, bin ich denn total blöd, oder was?
Onkel Herwig hatte seine Hände unter meinem Bauch. So konnte ich nicht untergehen. Und so predigten beide gleichzeitig auf mich ein.
„Schön die Beine bewegen!"
„Ja, gut so!"
„Wirst du wohl die Arme nicht vergessen!!!"
„Die Beine, die Beine!!!!"
„Hallo, Fräulein, die Arme, die Arme, die Arme!!!!!"
So ging das jahraus jahrein. Nein, natürlich dauerte das Ganze vielleicht zwei Stunden. Mir kam es nur so ewig vor. Meine Arme, mein Rücken und meine Beine schmerzten furchtbar. Was konnten die anderen bloß an dieser blöden Schwimmerei finden? Wenn Gott gewollt hätte, dass ich schwimme, hätte er mir bestimmt ein paar Flossen wachsen lassen.
Dann habe ich es aber doch noch gefressen und drehte stolz meine erste Alleinrunde. Zur Belohnung gingen wir anschließend zum Kiosk und ich bekam eine riesengroße Bockwurst mit Senf und Brötchen spendiert. Anschließend gab es sogar noch ein Eis.
Als wir in die tolle Borgward Isabella stiegen, um Heim zu fahren, zitterte ich am ganzen Leibe. Ich war zum Umfallen müde und fiel zu Haus sofort in mein Bett. Ich schlief tatsächlich bis zum nächsten

Morgen durch.
Lange Ruhe hatte ich aber nicht, da Onkel Herwig meinte, dass man sofort weitermachen müsse, um das frisch Gelernte nicht gleich wieder zu vergessen.
So ging es also erneut zur Badeanstalt und ihr werdet es nicht glauben: Nach drei Tagen mit vielen Runden im Kinderbecken und noch mehr Runden im großen Becken und drei riesengroßen Bockwürsten mit Brötchen und drei Eis hatte ich es drauf. Ja, ich konnte wahrhaftig schwimmen.
So stellten ein geregelter Kopfsprung oder eine richtig schöne und dicke Arschbombe in den kleinen See für mich auch überhaupt kein Problem dar.

Und auch das Tauchen hatte ich nach und nach gelernt. In der Disziplin brachte ich es zu enormen Leistungen.
Manchmal kletterte ich ganz leise die Treppe des kleinen Steges hinunter, ließ mich vorsichtig, und ohne Wellen zu erzeugen, ins Wasser gleiten, holte mehrmals tief Luft und tauchte weg. In einer Tiefe von etwa drei Metern schoss ich durch das Wasser und schaffte es mühelos, den auf der anderen Seite gelegenen Steg zu erreichen. Das Wasser war sehr sauber, durch die Schwebteilchen aber trotzdem recht trübe und so konnte ich unbemerkt zur anderen Seite gelangen.

Wenn dann die Stützbalken des Steges vor mir auftauchten, wusste ich, dass ich an der richtigen Stelle war. Wenn mir die Luft ausging, tauchte ich sofort auf und löste dadurch immer wieder Erstaunen bei den anderen Badegästen aus, da sie mich nicht hatten kommen sehen.
Manchmal hatte ich etwas Luft übrig. Dann kreuzte ich vor dem Steg noch etwas hin und her, suchte mir ein paar bekannte Beine aus und stupste dagegen. Damit löste ich meistens einen kleinen oder manchmal auch einen etwas größeren Schreckensschrei aus. Die Mädels hatten vielfach Angst vor den im See lebenden Fischen. Die waren eigentlich viel zu klein, um einen Menschen ernsthaft zu gefährden, lösten bei Berührung aber trotzdem immer kleine Panikattacken aus. Das ist so wie mit Mäusen. Die tun einem auch nichts und trotzdem haben viele Leute Angst vor ihnen.
Ich musste in solchen Momenten stets höllisch aufpassen, um keinen Fußtritt abzukriegen. Was ich immer wieder toll fand war, wenn nach einem Panikalarmschrei die ganze Bande wie von Furien gehetzt das Wasser verließ und auf den Steg stürmte. Bei einer dieser lustigen Aktionen wäre ich fast um ein Haar abgesoffen. Ich musste bei dem Theater über mir dermaßen lachen, dass ich Wasser schluckte und schleunigst auftauchen musste.

Einmal war es noch schlimmer. Da waren ein paar ganz harte Jungs dabei. Die hatten zwar auch in Panik das Wasser verlassen, dann aber außerhalb des Sees die große Klappe und warfen mit Steinen nach mir, dem unbekannten Fisch. Ein Stein war ziemlich groß und raste nur mit einer Entfernung von wenigen Zentimetern an mir vorbei in die Tiefe. So blieb mir nichts anderes übrig, als unter Wasser unter den Steg zu schwimmen und erst dort aufzutauchen.

Ich nahm ein Stück Holz und klopfte von unten an die Bretter. Juchzend liefen alle davon. Ich musste mir dabei ziemlich fest auf die Zunge beißen, um einen Lachkrampf zu unterdrücken.

Langsam und mutiger kamen zuerst die harten Jungs etwas näher. Als sich zwei wieder auf den Steg trauten, hämmerte ich von unten gegen die Bretter. Sie erschraken furchtbar und rannten vom Steg herunter auf die Wiese.

Da ich unter dem Steg im Dunkeln saß, konnte ich durch die Ritzen der Bretter das Geschehen über mir gut beobachten, ohne selbst gesehen zu werden. Erneut kamen ein paar Jungs näher heran. Die Mädchen blieben in sicherer Entfernung zurück. Diesmal ließ ich sie weiter auf den Steg. Erst als alle drauf waren und sich anschickten, über die seitlichen Ränder des Steges hinweg unter den Steg zu schauen, klopfte ich ganz laut.

Wieder erschraken alle und rannten davon. Die Mädchen am Ufer lachten sich halb tot über das Gebaren der Supermänner. Eine von ihnen kam mutig näher und kniete sich auf das vordere Ende des Steges. Immer tiefer bückte sie sich hinunter, um zu erkunden, welch großer Fisch da wohl so einen Radau machte.

Ich schlich unter dem Steg entlang zu dessen Ende und tauchte unter. Durch das Wasser konnte ich das Mädchen deutlich über mir sehen. Ich stieß mich mit aller Kraft vom Boden ab, schoss wie eine Rakete aus dem Wasser, packte mir das Mädchen und verschwand mit ihr in der Tiefe. Sie erschrak fürchterlich und ich musste sie fest umklammern, um sie nicht zu verlieren. Schon waren wir unter dem Steg angekommen. Mittlerweile hatte sie mich natürlich erkannt und ihre Erschrockenheit ließ augenblicklich nach.

Ich legte den Finger an die Lippen und bedeutete ihr damit, zu schweigen. So saßen wir Zungen beißend unter dem Steg und harrten der Dinge, die da oben kommen mochten oder auch nicht.

Oben war Ruhe eingekehrt. Aus den Gesprächen der anderen konnten wir entnehmen, dass die mich gar nicht richtig wahrgenommen hatten. Es war von einem großen Fisch die Rede, der Isolde in die Tiefe gezogen hatte.

Nun saßen sie alle da oben und beratschlagten, was

zu tun war. Isoldes Verschwinden löste offensichtlich eine kleine Panik aus.
Sollte man ins Dorf fahren und Hilfe holen? Sollten die starken Kerle ins Wasser springen und Isolde retten? Was war zu tun?
Eins der anderen Mädchen bahnte sich eine Schneise durch die Rumstehenden, nahm Anlauf und hechtete ins Wasser. Sie tauchte mehrmals auf und unter, ohne uns zu sehen. Dann entdeckte sie uns doch noch und kam auf uns zu. Ich hielt erneut den Finger an die Lippen und sie hielt den Mund, als sie neben uns unter dem Steg auftauchte.
Jetzt brach oben aber wirklich das Chaos aus. Als ich noch zweimal mit dem Holz gegen die Bretter klopfte, rannten alle in Panik davon. Von einem Ungeheuer war da die Rede. Nessie lässt grüßen. Dann konnten wir uns nicht mehr zusammennehmen und prusteten los. Wir konnten uns gar nicht mehr einkriegen vor Lachen und krümmten uns unter dem Steg.
Nach und nach kehrten die anderen zurück. Jetzt hatten wir die schlechten Karten. Auf der Beliebtheitsskala waren wir durch unsere Aktion ziemlich weit nach unten gerutscht. Sand und Matsch regneten durch die Ritzen auf uns herab und es wurde sehr ungemütlich da unten.
Ich ließ mich ins Wasser gleiten, holte mehrfach tief Luft und tauchte, so schnell ich konnte, von dan-

nen. Isolde und Marion folgten mir, kamen aber nur bis zur Hälfte des Sees. Immerhin waren sie dadurch weit genug entfernt, um den Stein- und Sand- und Matschwürfen zu entgehen.
Zwei der edlen armseligen Krieger machten sich auf den Weg und rannten um den See herum zum anderen Steg, um mich dort abzufangen und mir eine gehörige Abreibung zu verpassen. Ich tauchte schnell zurück und bei Marion und Isolde wieder auf. So blieben wir in der Mitte unerreichbar für die aggressiven Handlungen der anderen.
Da ich den See wie meine Rocktasche kannte, wusste ich, dass man auch durch das Schilf den See verlassen konnte. So flüsterte ich meinen beiden Leidensgenossinnen meinen Plan zu und wir tauchten erneut unter. Schon nach kurzer Zeit hatten wir den Schilfgürtel erreicht. Da gab es einen kleinen Fjord und da tauchten wir hinein. Jetzt saßen wir mitten im Schilf und waren damit von Land her unerreichbar für die anderen. Die liefen zwar am Ufer hin und her, konnten uns aber nicht entdecken.
Da der Nachmittag sich langsam dem Ende entgegen neigte, packten einige ihre Sachen zusammen und verließen mit ihren Rädern den See. Drei der harten Jungs blieben aber da, um uns zu suchen. Was wollten die mit uns alles anstellen. Wir konnten zwar nicht jedes Wort vom anderen Ufer verstehen, aber es sollten wirkliche Höllenqualen auf

uns warten, sollte man unserer habhaft werden. Wir hatten den Jungs einen erheblichen Prestigeverlust beigebracht. Auch sie waren schließlich in Panik davongestürmt, um ja nicht vom ach so großen Fisch gefressen zu werden.
Früher hatte ich mit Marion und Isolde eigentlich nicht so viel zutun, da sie ein Jahr älter waren als ich und auch in eine andere Schule gingen. Nun änderte sich das schlagartig. Wir erzählten uns gegenseitig unsere halben Lebensgeschichten dort im Schilf und fanden es obendrein äußerst romantisch und auch ein bisschen abenteuerlich.
Dann wurde es auch unseren restlichen Bewachern zu dumm und sie schickten sich an, ihre Räder zu beladen. Dabei kamen sie natürlich zwangsläufig an unseren eigenen Rädern vorbei. Diese wurden nun hochgehoben und in einem hohen Bogen ins Wasser geschmissen. Welch eine Heldentat?!
Als sie endlich verschwunden waren, schwammen wir hinüber und bargen unsere Räder. Das war gar nicht so einfach, die schweren Dinger aus dem Wasser zu hieven. Zuerst hatten wir ein bisschen gefroren. Jetzt war uns wieder warm.
Wir packten unsere Sachen und fuhren zum Dorf zurück. Nachdem wir uns für den nächsten Tag verabredet hatten, trennten wir uns. Ich raste nach Haus und verschlang mein Abendbrot. Das Hocken im kalten Wasser hatte mich echt hungrig gemacht.

Nebenbei erzählte ich Muttern und Omma von meiner Aktion. So mussten wir noch einmal fürchterlich lachen. Omma hätte sich fast an ihrem Brot verschluckt. Mein Abend wurde dann nicht mehr sehr lang. Schon um neun fielen mir die Augen zu und ich ließ mich in mein Bett fallen.

Na, könnt ihr noch oder soll ich jetzt aufhören mit meinen Storys? Haltet durch, so lang wird 's nicht mehr, okay?

Sigrun und ich waren zusammen mit einigen anderen Mädchen auf dem Rummel gewesen. In unserem Dorf war so ein Rummel immer sehr überschaubar. Da gab es nur ein Kinderkarussell, eine Losbude, eine Schießbude und einen Verkaufsstand mit Spielsachen. Ich hatte Omma so lange bekniet, bis sie mit uns zu diesem Verkaufsstand ging und wir uns was aussuchen durften.
Was es da alles gab! Omma wollte uns was Lehrreiches kaufen, wie zum Beispiel einen Malblock und Buntstifte. Das fanden wir aber ziemlich langweilig und wir entschieden uns spontan und nach längerem Überlegen für Korkengewehre. Die mussten hinter dem Lauf geknickt werden. Dadurch spannte sich eine Feder, die einen Bolzen durch den Lauf trieb, der wiederum den Korken aus dem Lauf katapultierte. Dieser Korken war mit einer dünnen

Schnur am Gewehr befestigt, um ein endgültiges Wegfliegen des Korkens zu verhindern.
Wir hatten natürlich sehr schnell raus, dass, wenn frau den Korken wegließ, frau auch kleine Steinchen damit verschießen konnte. Das taten wir dann auch ausgiebigst, da uns das interessanter erschien, als immer nur den blöden Korken wieder vorn in den Lauf zu stecken.
Einige Tage später spielten wir bei Sigrun auf dem Hof. Die Sonne schien grell auf die hellgrüne, frisch gestrichene Hauswand. Dort setzten sich immer enorme Mengen von Fliegen drauf, um sich ein Sonnenbad zu gönnen. Sigrun kam plötzlich auf die überaus pfiffige Idee, den Fliegen mit unseren schweren Gewehren zu Leibe zu rücken.
So stellten wir uns also vor die Wand, luden unsere Gewehre, schoben die Korken in die Läufe, zielten auf eine Fliege und drückten ab. Mit einem lauten Plopp schoss der Korken aus dem Lauf und erschlug eine Fliege. Das machte uns so einen Heidenspaß, dass wir nun von Fliege zu Fliege gingen und diese erschossen. Dass wir die schöne, neu gestrichene Wand mit unserem Tun ziemlich verunstalteten, fiel uns gar nicht auf. Schon nach kurzer Zeit war sie übersät mit großen blutroten Flecken.
Plötzlich ging die Tür auf und Tante Ilse, Sigruns Mutter, stand im Windfang. Jetzt bemerkte auch ich, dass die Wand nicht mehr so gut aussah wie

vorher, und erstarrte. Tante Ilse hatte uns noch nicht entdeckt und so löste ich mich blitzschnell von der Wand und rannte in einem großen Bogen an ihr vorbei. In diesem Moment durchschaute sie unser schändliches Tun und rannte, mit einem nassen Scheuerlappen bewaffnet, auf Sigrun zu.
Dieses Verhalten war für Tante Ilse typisch. Immer, wenn Sigrun mal Mist gebaut hatte, bekam sie welche mit dem Scheuerlappen übergezogen. Da Tante Ilse diesmal gerade zufällig am Saubermachen war, tropfte der Scheuerlappen lustig vor sich hin. Sigrun hatte die Lage noch nicht überblickt und stand, nach wie vor schießend, vor der Wand.
Am Morgen hatten Sigrun und ich eine wilde Wettfahrt veranstaltet. Wir hatten uns alte Kinderwagengestelle vom Speicher besorgt und waren damit einen Berg hinuntergefahren. Als wir dazu keine Lust mehr hatten, waren wir auf die Idee gekommen, auf Sigruns Hof zu spielen. So kam es, dass mein „Rennauto" noch auf dem Hof stand.
Ich lief also, wie schon gesagt, in einem großen Bogen um Tante Ilse herum, und um die Szene nicht zu verpassen, drehte ich meinen Kopf nach hinten. So sah ich, dass Tante Ilse im Laufschritt auf Sigrun zustürzte und dabei mit dem Scheuerlappen ausholte.
Da ich ja nach hinten geguckt hatte, war mir mein „Rennauto" gar nicht aufgefallen. Ich stolperte da-

gegen und wäre fast lang hingeschlagen. Dabei gab ich dem blöden Ding einen dermaßen saftigen Stoß, dass es gerade in dem Moment, als Tante Ilse zuschlug, davon schoss und die Scheibe des Kellerfensters zertrümmerte.

Onkel Bode, ein Nachbar von Sigrun, der auf der anderen Straßenseite nicht nur wohnte, sondern jetzt auch gerade zufällig stand, hatte die ganze Geschichte von drüben mit angesehen, hatte wohl aber sein Augenmerk auf Tante Ilses Tun gelegt und so meinen Stoß gegen das „Rennauto" nicht mitgekriegt.

Er meinte, Tante Ilse solle das Schlagen mit dem Scheuerlappen nicht übertreiben. Sigruns Kopf hätte ziemlich laut geklirrt. Da wäre bestimmt was kaputtgegangen. Ich verdrückte mich schnell und konnte fliehen.

Nachdem der Rauch etwas verzogen war, mussten alle über diese Show kräftig ablachen. Das ersparte Omma aber die Bezahlung der Scheibe nicht und trotz der Heiterkeit mussten wir, mit Lappen und Eimer bewaffnet, mehrere Stunden lang die blöde Wand sauber machen. Wäre die rot statt grün gestrichen worden oder hätte einfach nur aus roten Steinen bestanden, hätten wir uns diese nutzlose Arbeit sparen können. Wahrscheinlich hätten dann aber auch die Fliegen dort kein Sonnenbad genommen und so ihr Leben noch etwas länger behalten.

So, nun will ich aber mal Schluss machen. Mir schwirrt das Hirn von den ganzen Erinnerungen. Nicht dass mein Kopf auch noch zu klirren anfängt. Wenn ihr noch mehr von meinem Leben erfahren wollt, müsst ihr mein nächstes Buch lesen, nä?

Na, dann bis zum nächsten Mal

Eure

Margaretha Main

Margaretha Main
Vom Lausemädchen zur Lausefrau – lustige Geschichten aus einem langen Leben

Retha, das Lausemädchen
Retha wir flügge
Retha – vom Lausemädchen zur Lausefrau
Retha auf Umwegen
Retha – mein Autoleben
Rethas langer Weg zum Ruhm
Mein schönstes Leben
Die Angst geht um in Narrenberge
Festtagsschmaus in Narrenberge

www.margaretha-main.de

Obendrein empfehle ich folgende Bücher

Viktoria Grantz
Die verkaufte Gräfin
The sold countess
Das Ende des Jägers
Denn sie schenkten mir ein zweites Leben
For they bestowed me a Second Life
Vera, die Moorfrau
Vera, the Moor-Lady
In 80 Jahren rund um Hörnde
Die Prinzessin vom Leuchtturm
Mein Vater, der Diakon
My father, the Deacon

Simone Petzold
Das bunte Leben der Renata Komanetschy
Die Wende meines Lebens
Mein weiter Blick aufs Meer
Der süße Herbst des Lebens
The sweet fall of Life

Lena Birkthal
Kämpferinnen für die Ewigkeit
Life in the Matriarchy

Michaela Main
Von Frau zu Frau – nicht alltägliche
Gesundheitstipps

Michaela Holst
Das Heide-Mädchen

Katja Groening
Die Burg der Nymphen

Eva Maria Thalbach
Das Ende des Dornenwaldes

Yvonne Zündler
Mitten im Abschaum
Die Stille eines Lebens

Heide Marie Zimmer
Das Mädchen Yvonne
Flucht und Heimkehr
Die Goldesel-Töchter

Elisabeth Margaretha Gräfin von Schöngau-Brixendorf
Sara, das Wiesel
Sara, the Weasel
Goldenes Stroh in meinem Haar
Golden Straw in my Hair
Katja liebt den Nebel

www.starke-frauen.org
www.strong-ladies.com

Elisabeth Keller
Das Glück liegt in der Streichholzschachtel

Männerecke

Hans Georg van Herste

Am Fluss meines Lebens I Aus einer Quelle wird ein Bach 1940 – 1989
Am Fluss meines Lebens II Aus einem Bach wird ein Fluss 1990 – 2015
Am Fluss meines Lebens III Ein Strom von Reimen
Endlich Frau!
Papa kommt fast täglich
Ayur Veda
The Borderline-Syndrome
The Mother-Beast
The true dream of freedom

Hans Georg van Herste & Michaela Main
Endlich frei, glücklich und gesund

www.van-herste.de

Frido van de Visser
Meine Kindheit in Rotterdam